「さびしさ」

和田秀樹

小学館
Youth
Books

はじめに

これまで生きてきて、「なぜかわからないけど、さびしい」と思ったことはありませんか。

友だちはいるのにいつも孤独を感じていて、自分は独りぼっちのような気がする。ちょっとしたことで、友だちに嫌われたかもしれないと気になってしまう。自分はどうしてこんなに生きるのが下手なんだろう、と落ち込む。

日頃から、そんなふうに感じている人もいるかもしれません。

精神科医の私も、これまでずっと人生を上手に生きてこられたかといえば、そんなことはありません。昔からコミュニケーションの取り方が下手で不器用だったため小学校ではいじめにあい、孤独感を抱えていたこともありました。もっとコミュニケーションが上手な人間だったらよかったのに、と思ったことは数え切れません。

この本では、そんなふうに日頃から孤独感やさびしさを感じている人に向けて、

どうしたら孤独感を減らすことができるのか

どうやって、さびしさと付き合っていくか

をお伝えしたいと思います。

巷には、表面だけ人に合わせるノウハウや、明るく振舞うテクニックなどの情報もあふれています。

ただ、そうした表面的なものはすぐに剝がれ落ちてしまいます。そして「またうまくいかなかった」と落ち込む羽目になるでしょう。

むしろ周囲の人に合わせようとすればするほど「自分」がなくなり、何をしても自信が持てない人になってしまいます。自分自身を否定すればするほど、心の奥底ではさびしさが増してしまうのです。

考えてみれば、現代というのは昔と違って、1人でいるときの暇つぶしのツールは圧倒的に増えています。

YouTube、動画配信サービス、ゲーム、SNS……。1人でいても退屈しないツールはたくさんあります。家に帰って1人になっても、それなりに、またはより気楽に時間がつぶせるものがありますよね。

そのせいか、1人暮らしを選ぶ人もものすごく増えています。50歳の時点で一度も結婚したことのない人の割合を「生涯未婚率」といいますが、男性は28・3％。約3～4人に一人の割合です。女性も17・8％います（2020年、内閣府『令和4年版 少子化社会対策白書』より）。

もちろん収入に不安があって結婚できないという人も増えているので、その問題とは分けて考えなくてはいけませんが、「結婚なんてわずらわしい、1人の方が気楽だ」と感じて、あえて1人暮らしを選ぶ人もいるのです。晩婚化も進んでいます。

また、インターネットやSNSのように、大勢とつながることのできるツールもたくさんあり、いわゆる友だちや知り合い、仲間の数も昔より増えているはずです。

でもそうした中で、見えない孤独にさいなまれている人も増えています。孤独を紛らわせるツールはたくさんあるし、つながっている人の数も多いのに、さびしさを感じる人が増えている。精神科医としては非常に気になる問題です。

さびしさというのは、エスカレートしやすい感情でもあります。

近年、他人を自殺行為に巻き込む犯罪が社会問題化していますが、その背景にあるのは、社会的・心理的な孤立です。自分のことなんて誰もわかってくれないという孤独感が恨みとなって、その矛先が世間に向かうのでしょう。

もちろんそこまで孤独感を募らせて精神状態を悪化させる人は多くありませんが、アルコールや買い物、ギャンブルなどの依存症は疎外感によって起こる病気ですし、年々増えているひきこもりやうつも、孤独感や疎外感とは切り離せないものです。

一方で、孤独な状態にいても、気持ちが満たされている人はいます。

1人でいる時間は好きなことに没頭し、自分を磨く時間にもなりますから、孤独そのものが悪いというわけではありません。

では、「さびしさ」とはいったい何なのでしょうか？

人と一緒にいても「さびしい」と感じてしまう心を、どうすればいいのでしょう。

先ほど触れたように、私自身も若い頃から孤独感を抱えていましたが、その孤独感と向き合ってどうしたらいいのか考え、いろいろなことを試していくうち、少しずつ周りの人を信頼できるようになっていき、孤独感は減っていきました。完全になくなったわけではありませんが、今では心の底にほんの少し残った孤独感をむしろ大切なものだと思えるようになっています。

今、生きづらさやさびしさを感じている人も、きっと新しい視点や考え方を手に入れることで、もう少し生きやすくなると思うのです。

私は40年近く患者さんと向き合ってきた精神科医として、また自分自身もいじめの経験を持つ者として、このさびしさの根っこにあるものは何なのか、そしてそれに対する解決方法を、できるだけわかりやすくお伝えしたいと思っています。

本書があなたの人生をよりよくするためのヒントになれば、嬉しいです。

「さびしさ」の正体・目次

第1章　「さびしさ」って何だろう

孤独な人はさびしい人?

イギリスが世界で初めて「孤独担当大臣」を設けたのは、2018年1月でした。「孤独は、現代の公衆衛生上もっとも大きな課題の一つ」として、国がらみで孤独を解消することがさまざまな社会問題の解決につながると考えたのです。

日本も、イギリスに次いで2021年に孤独・孤立対策担当大臣を設けています。

このように、近年は「孤独」が社会問題とされるようになりました。

では、孤独の何が問題なのでしょう?

孤独とは1人ぼっちであるということですが、確かに自分の思いを共有したり、気持ちをわかり合ったりする相手がいないことによって、孤独感に押しつぶされて精神的に追い詰められてしまう人もいます。中には、「1人で過ごすのが苦手」という人もいます。

でもその一方で、高齢者に限っていうと、１人暮らしの高齢者よりも家族と同居している高齢者の方が自殺する人の割合は高いという事実があります。

１人暮らしの方が孤独なのではないかと思いがちですが、家族と同居している人の方が「家族に迷惑をかけている」といった引け目を感じていて、強いストレスになっている可能性があるのです。

働いていないことに対して家族から嫌味を言われたり、家族に遠慮して自分から部屋に閉じこもりがちになったりすれば、疎外感を感じてしまうのは避けられません。また「人に迷惑をかけたくない」と考える人は、家族に介護されるのを嫌がることがあります。

こうした結果、自分から死を選んでしまう方もいるのです。

そういう意味では、孤独であることが必ずしもさびしいこととイコールであるとは言えないわけです。孤独な状態にあるからといって全員が孤独感を感じているわけではないし、むしろ1人でせいせいしている人もいることでしょう。
このように、人がどんな状況で孤独を感じるかは主観的な感覚であって、同居する人がいればいいという単純な問題ではありません。1人で暮らしていて、親しい友人は1人や2人くらいという人でも、その人たちと深くつながっている実感があれば、さびしさを感じることはありません。反対に、配偶者や友人がいても孤独を感じている人はいます。

ですから、問題は孤独であることではなく、本人が孤独感や疎外感を覚えているかどうかです。
疎外感というのは、自分が周りから疎まれているとか、排除されている、仲間はずれにされているなどと感じるときに生じる感情です。一人でいるときでも、自分は排除されていると感じなければ、孤独感や疎外感は生じません。

若い人の中にも、大勢の人に囲まれているのに、さびしさを感じたことがあるという人は多いと思います。

夏休み明けの9月1日に中学生や高校生の自殺者数が異常に多くなる現象は「9月1日症候群」と呼ばれて社会問題になっていますが、自殺したいと考える人は長い休みを取った後に再び学校に行くことが辛くてたまらず、一人で思いつめて死を選んでしまうわけです。

自殺まで考えなくても、学校に行くのを辛く感じて、学校のことを考えると気が重くなるという人も多いようです。

ただ、そういう人に聞くと、夏休みを1人で過ごすことは別に苦にならないと言います。

1人で過ごしているときにはさびしさを感じないのに、学校のことを考えた途端、心が苦しくなってしまう。なぜ苦しいのかというと、学校に行ったら周りの皆に合わせなければいけないからです。

自分が興味のないアイドルやタレントやスポーツなどの話題に合わせて楽しそうに話をしなければいけない。自分の本当の気持ちを押し殺して、周囲に合わせなければならない。そうした状態に疎外感や孤独感を覚えると言います。疎外感や孤独感というものは「自分がない」と感じるときにも湧いてくるのです。

実は、私はコロナ自粛の期間に、自殺者数が増えてしまうのではないかと危惧していました。

人と会って話をする機会が減ればストレスを発散する場もなくなりますし、外出を控えれば日光に当たらなくなって、幸せを感じやすくするとされている神経伝達物質セロトニンも減ってしまいます。感染症拡大によって景気が悪くなれば失業者が増えますから、うつ状態の人が大幅に増えてもおかしくありません。

コロナ禍直前の２０１９年の自殺者は２万１１６９人でしたが、２０１１年までは14年間ずっと自殺者が３万人を超えていたので、そのくらいまで戻ってもおかしくないと考えていたのです。

ところが、蓋をあけてみると、２０２０年の自殺者数は１０００人程度しか増えていませんでした。私が予測していた数の10分の１以下です。それ以降も大きく増えていません。

それはなぜでしょうか。

私は、テレワークやリモート授業の普及によって、むしろ人間関係のストレスが減った人が多かったのではないかと考えています。学校や会社に行かなくていい、嫌な人と顔を合わせなくていいという理由で、ストレスやプレッシャーが軽減して楽になった人がそれだけ多かったのでしょう。

友だちにも親にも本音を言えない

このように考えてみると、「さびしい」と感じている人には2種類のタイプがあると言えます。

一つは、もともと1人で過ごすことに耐えられないタイプです。そういう人は一緒に過ごす人がいない場合、苦痛に感じます。

もう一つは、１人でいることは苦ではないけれども、常に「自分のことをわかってもらっていない」とか「本音が言えない」と感じている人です。精神科医として言わせていただくと、こちらの方が問題の根は深いと思います。

どんなときも「周りに合わせないといけない」とか「友だちや先生に気に入られないといけない」と考えてしまい、心の底から他人とのつながりを感じられず、さびしさを抱えてしまうのです。

たとえば、スポーツや野球に興味のない人は、メジャーリーグで大谷翔平選手が活躍した話題で周りが盛り上がっているときなどには、ついていけない気持ちになった人もいるのではないでしょうか。

ましてや、勉強はできるのにスポーツの苦手な子どもにしてみれば、なぜ野球のできる子ばかりがもてはやされて、自分は勉強ができるのに皆に相手にされないのかと不満に思っているかもしれません。

でも、そんなことを口に出したら、周りに何を言われるかわからないと考えて、自分の言いたいことを飲み込んで、悩みやさびしさがあったとしても心の中に封じ込めてしまうのです。

それでも、まだ親や家族がわかってくれたらいいのですが、「そんなこと言っちゃだめよ」「人をひがむなんて性格が悪い」などと注意する親も少なくありません。

このように、友だちにも言いたいことを言えない、親にも本音を言えない状態では心が苦しくなってしまうのも当然です。

今、宗教二世（特定の宗教を信仰する親や家庭のもとに生まれ、当人もその宗教に入信させられている人々）の宗教虐待が話題になっていますが、彼らの何がかわいそうかといえば、親や養育者から宗教活動を強制されているだけでなく、その辛さをわかってくれる人が少ないことです。

いや、生まれてからずっと自分の辛い気持ちを誰にも聞いてもらったことがない、わかってもらったことがないという人もいるはずです。

さらに宗教二世は、自分たちには非がないのに、親が特定の宗教を信じているがゆえに周りから迫害を受けることもあります。オウム真理教が社会問題化した際には日本各地の自治体が宗教二世たちの受け入れを拒否し、義務教育を受けるべき年齢の子が就学できないこともありました。

これは極端な例かもしれませんが、やはり自分が抱えている悩みを聞いてもらえなければ、どんなに周りに人が大勢いてもさびしさを感じてしまうのです。


昨今はネットやSNSを介したやり取りが増えましたが、そうしたバーチャルな空間でも、実名で交流していると、社交辞令的な上辺《うわべ》だけの言葉ばかりになることも少なくありません。

SNSに投稿された言葉や写真には「羨ましい」とか「素敵!」などのコメントが並び、お互いに「いいね」を押し合っている人が多いけれども、中には本音を書けないストレスを感じている人もいるのではないでしょうか。

また、たとえ人に何かを褒められたとしても、それが明らかに社交辞令であって本心から出た言葉でないことが見え透いていれば、何となく人間不信を感じてしまっても無理はありません。

さびしさに拍車をかける親の態度

最近よく耳にするのは、一見大きな問題を抱えていない家族で育ち、友だちもある程度はいて、外からは足りない点がないように見えるのに、心の中ではいつもさびしさを感じているという10代や20代の存在です。

何か問題があるわけではないけれど、常にさびしさを抱えている人が増えているという印象があります。

こうしたさびしさは、基本的には幼少期の親子関係に起因しているというのが私の考えです。自分の存在を無条件で受け入れてくれている人がいるかどうか、何を言っても大丈夫だと思えるような場所があるかどうかということです。

たとえば、子どもであれば、友だちとケンカすることやもめることなどは、よくあることです。

そういうときに子どもを慰めてくれる親や励ましてくれる親だと、子どもも隠しごとをせずに言いやすいのですが、最近の親御さんの中には、子どもの話を聞いたら、子ども以上に深刻に捉えてしまう人も少なくありません。

我が子が少しでも友だちと揉めていたら、仲間はずれにされている、いじめにあっているのではないかなどとビビって、すぐに学校に相談に行ってしまう。

あるいは我が子の話をよく聞かないまま、とにかく周りに合わせるよう言い含める人もいます。

そうなると、子どもは親に話しづらくなってしまいます。

親だけは自分の絶対的な味方だと信じることができれば、子どもも多少は話す気になるかもしれませんが、親がそういう態度を取っていると、いちいち大騒ぎになってしまいます。何より自分のことを本当にわかってくれようとしない人を心から信じることはできないでしょう。

また、子どもの頃は友だちをバカにしたり、人を見下すようなことを平気で口にすることもあります。

「○○ちゃんってブタみたいなんだよ」とか「○○君ってバカなんだよ」などと家で言うこともあるでしょう。

それに対して、「そんなひどいことを言うなんて」とか「なんてことを言うの」と目くじらを立てて叱りつける親御さんもいますが、そうすると、子どもは萎縮してしまいます。そして、人をバカにした自分自身を否定しかねません。

そんなときに親はどうすればいいのかといえば、「人には本音と建て前がある」ということを教えてあげるべきだと思うのです。

自分より劣っていると思う相手に対して、子どもが優越感を持つのは当然です。そこを否定するのではなく、「まあ、そう思う気持ちもわかるし、ママもそう思うけど、家の外で言うのはやめといた方がいいかもね。○○ちゃんが聞いたら傷つくし、周りの人に性格が悪いと言われちゃうかもしれないよ」と言ってあげればいいのです。

もちろん、我が子が友だちの目の前でバカにしたりからかったりしたら、親はきちんと注意すべきです。

でも、大人だって上司や同僚の悪口や噂話などを家や飲み屋でしているわけです。そのこと自体はそこまで咎《とが》められる性質のものではありませんし、未熟な子どもならなおさらでしょう。

それなのに、まるで「家でもコンプライアンス（法令遵守）を死守せよ」と言わんばかりに子どもに道徳を押し付ければ、子どもが本音を出せる場所はどこにもなくなってしまいます。


ハインツ・コフートという精神科医がいます。

精神分析の大家と呼ばれ、周囲と良好な人間関係を築くためのヒントをたくさん遺した人ですが、そのコフートは、幼少期から自分を褒めてくれたり、認めてくれたり、不安になったときに支えてくれる人がいると、自己（その人らしさ）が確立されると考えました。自己を保つためには、幼少期のコミュニケーションこそが大切だと考えたのです。

もう1人、同じようなことを言った人がいます。『「甘え」の構造』という本を書いた日本の精神科医、土居健郎先生です。

この土居先生も、自分らしさを確立するためには、周囲の人から許され愛される経験が欠かせないと語っています。特に「甘え」を経験しなければ「自分」を持つことができないというのです。

そして、甘えた体験がなく、自分を持つことができない人は、成長した後に周囲に過剰に合わせるようになるとか、孤立してしまうこともあると言います。

コフートにしても土居先生にしても、周囲の人から許される経験や認められる経験が重要だと言っているわけです。

親は子どもの言葉を差別発言だと咎めるのではなく、子どもの自己愛を承認してあげることが大切だということです。

そういう話をすると、「そもそも我が子には人を差別するような人間に育ってほしくない」とか「大事なのは差別的な精神をなくすことだ」と言う親御さんもいるかもしれません。

そういう親御さんに言いたいのは、「心の中で思うのは自由です」ということです。

心の中で思うのは自由

自分より成績の悪い人を見て「あいつバカだなぁ」と思う。

ケンカした友だちに腹を立てて「殴ってやりたい」と思う。

それ自体は何の問題もありません。

それを相手に言ったら問題になるし、実際に殴ったら犯罪です。でも、心の中で思うのは自由です。人は誰でも自由に思考していいのです。

よくお隣の中国は「言論の自由」がない国などと揶揄されますが、私は「思考の自由」はあるのではないかと思っています。政治家に不満があっても、それを迂闊《うかつ》に表に出すと逮捕される危険もありますから、国民は決して口には出しません。でも政治家が失脚したら、あいつは酷かったとか、あの頃は悲惨だったという話がごろごろ出てきます。

日本はその逆です。

制度的には言論の自由も思考の自由もあるはずなのに、自由に生きようとする人が少ないように感じています。

コロナ禍では、マスクをしていない人や夜間営業する飲食店を糾弾する空気が生まれました。「皆が我慢しているのに、なぜ自分勝手な行動をするのか」という論調です。同調圧力（集団に合わせるようにさせる無言の圧力）に屈する傾向が他国に比べてとても強く、多くの人が周りを気にして行動しています。

そうなると、「皆がそうするから、自分もそうする」という行動様式になっていくので、自分の頭で考えて判断することや行動することが減っていきます。

こうした思考力は幼児期から大きく成長していきますが、人はその時期に初めて集団生活をして、「人に言ってもいいこと」と「人に言ってはいけないこと」を学んでいきます。

集団生活をする中では、それぞれに思うことや感じることもたくさんあるはずです。自分と同級生の外見の違い、学力の差、体力の差、感じ方や考え方の差異など、周りを見渡して「自分」というものを知っていきます。

そのとき感じた率直な気持ちや本音を、子どもは自分の親にだからこそ打ち明けるのです。

それなのに、親が「そんなことを思ってはいけない」と否認したら、子どもは自由に考えることもできなくなってしまうでしょう。

「考えてはいけない」「心の中で思うのもよくない」という社会では、自由な発想ができなくなり、思考の幅が狭まってしまいます。そして、「人からどう思われるか」ばかり気にし始めると、ますます行動しづらくなっていきます。

結局、自分たちで自分たちを息苦しくさせているのです。

親の正論が子を追い詰める

そもそも子どもが「あの子より自分の方が上だ」と優越感を抱くこと自体は、それほど異常なことではありません。

人と比べて勝つという経験をすることで自尊心が刺激されますし、子どもも時代に自分が他人より優っていると思いたいのは人間としてごく自然な感情です。

先ほどのコフートは、誰でも「人から愛されたい」「大切にされたい」という自己愛を持っている以上、この自己愛を完全に否定することはできないと考えました。

私も、自己愛は否定されるべきではないと思っています。人は発達していく段階で養育者に認められたり、勇気づけられたりすることによって自己愛が満たされ、適切な自信を身につけられるようになっていくのです。

そして誰でも、自己愛を保つために、他人を下に見て自分が優位に立ちたいという本音を持っています。

その本音を親から否定されてばかりいたら、子どもには安心して本音を言える場所がなくなってしまいます。それどころか、友だちのことを悪く言ったときに親から注意されれば、自分はひどいことを考えてしまうダメな人間だと思ってしまうかもしれません。

すると、成長してからも「こんなことを言ったら嫌われるかな」「こんなことを思う自分は冷たい人間なのかな」という不安を持ち続けることになってしまいます。

ですから、私は子どもが思春期になるまでは、親子間では「言いたいことが言える」空気が必要だと考えています。

子ども時代に本音が出せなければ、自尊心は育ちません。

それだけでなく、子どもは自分の中で本音と建て前の区別をつけることができず、相手や状況によってそれを使い分けるという術を身につけるのも難しくなります。

ましてや他人の建て前と本音を察することもできませんから、恋人や親友など、ごく親しい人とも本音のコミュニケーションが取りにくくなってしまうでしょう。

もちろん、大人になってからも自分の感情のままに差別発言やヘイトスピーチを繰り返すような行為はするべきではありません。

でも、子ども時代だけは、少なくとも家庭内では、自分の好きなことを自由に言っても許される時期であるべきです。

そして相手の反応を見ながら、「あ、これはあんまり口に出さない方がいいことなのかな」と自分自身で学んでいくことが大切なのです。

人は言いたいことを言えると「わかってもらえた」と思う

以前、心理学者のアルフレッド・アドラーの教えを説いた『嫌われる勇気　自己啓発の源流「アドラー」の教え』（岸見一郎、古賀史健／共著・ダイヤモンド社）という本がベストセラーになったことがありました。

この本は国内だけで２００万部以上も売れましたが、それはやはり「言いたいことを言いたいけど、なかなか言えない」という人が日本ではとても多いからでしょう。

このアドラーという精神科医の主張をものすごく簡単にまとめると、私たちは「共同体感覚」の世界にいる限り、他人から嫌われる心配をしなくてもいいのだ、ということです。

共同体と言うと、「ムラ社会」をイメージする人もいるかもしれません。かつて閉鎖的な農村で行われていたような、村のルールに従わない者やはみ出そうとする者を排除したり、圧力を加えたりするようなイメージです。

でも、アドラーの言っている共同体感覚というのは、それとはまったく違います。共同体の中では、自分も他人も同じ人間であって、お互いに縦ではなく横の関係にあるのだから、言いたいことを言っても弾かれないという感覚を持つのが共同体感覚だというのです。

この共同体感覚を持っている人とは「私もあなたも同じ人間だ」と思える安心感があり、言いたいことを言っても共同体から排除されない人間関係があります。

また、アドラーの言う共同体とは、地域や組織のような狭い定義のものではなく、親との関係性から始まって、家族や地域、さらには国家や地球、宇宙にまで広がっていきます。場所や時間を超えた無数のつながりの中に「自分」という存在があることに気づいて、自分とつながっている他者へ関心を寄せることが「共同体感覚」だというのです。

この辺りは少し難しい話になりますが、とにかく共同体感覚を持っていれば、自分の言いたいことも言えるし、他人の目を気にしなくていいし、結果的には嫌われる勇気も持てるのだ、ということです。

それどころか、アドラーによれば、他人の目を気にするということは他人が自分をどう認めてくれるのかにしか関心がないということでもあり、自己中心的であると言います。

ですから彼は、共同体感覚を身につけることこそが人間が成長する上では欠かせないことだと主張しています。そして人間同士の信頼関係がしっかり確立している状態であれば、自分の言いたいことを言えて「自分のことをわかってもらえた」と安心できるのです。

確かに、お互いに言いたいことを言ってもいいという感覚を皆が共有していれば、たとえ考えの合わない人がいたとしても、仲間はずれにまではされないはずです。

また、相手に自分の主張を無理やり押し付けることもなくなり、相手が言ったことが自分の考えに合わなくても、相手を排除しようとすることはなくなるでしょう。

今は余計にさびしさを感じやすい時代

けれども、今の日本社会がそういう状態になっているかといえば、そんなことはありません。それどころか、今の日本社会はますますさびしさを感じやすい状態になっているのではないかと私は危惧しています。

というのも、最近は以前に比べて職場や地域、学校などにおける濃密な人間関係が減り、インターネットやＳＮＳを介した表面的なコミュニケーションが増えているからです。

先ほどＳＮＳの実名投稿には社交辞令的なやり取りが多いと書きましたが、やはりきれいごとや大勢にウケやすい話ばかりが横行し、人間同士が本音で語り合う機会が少なくなっていると感じています。

それなら、家族や恋人などの近しい間柄の人なら本音で語り合っているのかと言えば、それも違います。

むしろ、今はかなり近しい関係であっても「こんなことを話したら嫌われてしまうのではないか」と心配して言葉を選んでいる人が増えています。コンプライアンスという言葉が頻繁に使われるようになったように、社会全体が本音の言いにくい雰囲気になっているからです。

今のご時世はとにかく「壁に耳あり、障子に目あり」です。

友だちにうっかり共通の友人の悪口などを言ったら、それが拡散されてしまうのではないか、ひどいやつだと言われてしまうのではないかという心配が先に立って、皆が本音を言わないようにしているのです。

先日、こんなことがありました。

私がテレビ局にいる知人に、最近の芸人さんの笑いはどうも面白く感じないという話をしたら、それは違うと言います。

「和田さん、それはコンプライアンスのせいなんですよ。テレビでは出せないけど、○○（大阪の芸人さん）なんて、花月に行ったら全然違いますからね」

全国区のテレビ番組ではきれいごとしか出せないけれど、お客さんが眼の前にいる劇場ではコンプライアンスを無視したような本音トークを炸裂させているので、皆がゲラゲラ大笑いしているというのです。

その本音トークの中身はわかりませんが、ともかく本音を言いづらい社会になっているのは確かです。

たとえば今は「今日の髪型、似合っているよ」とか「その服、かわいいね」などと言っただけで、人によってはセクハラと取られてしまいます。

もちろん、誰かを傷つけるような言葉は控えるべきですし、セクハラは受けた側にトラウマが一生残ることがありますから、相手の立場に立ってよく考える必要があります。

でも「他人の見た目や容姿について少しでも口に出したら、即アウト」という風潮では、人とどのようにコミュニケーションを取ったらいいかわからないと戸惑う人も多いのではないでしょうか。

特に今は、かなり親しい人や家族の間であっても「こんなことを話すと、嫌な人間だと思われてしまうのではないか」と心配して本音を隠している人も少なくありません。ちょっとでも変なことを言おうものなら、恋人や家族から「あなたがそんなことを言う人だとは思わなかった」という反応をされてしまうこともあるのです。

ただし、実際には日本の大人というのは本音と建て前を巧妙に使い分けています。その代表格がテレビ局です。たとえば、テレビ局はいかにも正義の味方のような顔をして、番組で「セクハラはよくない」とか「ルッキズム（外見至上主義）はよくない」などと批判しているのに、その裏側では、入社試験で痩せ過ぎに近い容姿のアナウンサー希望者を選んでいます。

テレビの番組ではきれいごとを言っているのに、会社としての本音はまったく違うわけです。一般企業が就職で外見差別をしたら世間から大バッシングされてしまいますが、それを堂々とやっているのがテレビ局なのです。

私の親たちの世代はそうした偽善に気づいていて、昔はよく親たちがこんなふうに言っていたものでした。

「テレビなんかで言っているのはきれいごとだよ。皆、本音は違うんだからね」

でも、今の親たちの世代はそうではないようです。コンプライアンスも含めて、テレビや世間が押し付けるきれいごとや偽善をそのまま信じてしまっているところがあります。

若い人ならなおさら、自分の本心が周りの意見と違う場合に「こんなことを話したらひどい人だと思われてしまう」と不安になって、何も言えなくなってしまうのではないでしょうか。

「ゼレンスキーだって悪者じゃん」と言えるか

本音のコミュニケーションが取りにくい社会では、当然のことですが、どうしても多くの人が乗りやすい話ばかり交わされる傾向が強くなります。

ＷＢＣでは大谷選手の素晴らしさを称《たた》え、日本チームを応援していれば、たくさんの人と気持ちが通じ合っているかのような錯覚を一時的に持つことができました。皆と一緒に日本代表チームを応援して、その優勝に浮かれている限り、日本人としての一体感や共感、仲間意識が高まるのは確かです。

ただし、その輪に入れない人や入ろうとしない人を見て不快感を感じたり、仲間から排除しようとしたりするのは問題です。

人と人との距離を縮める「共感」という感情は、相手につながりを強要しかねないという一面もあるのです。

もう一つ例をあげましょう。

あなたはロシア・ウクライナ戦争の正義についてどう思うかと聞かれたら、何と答えますか？

専制的な大国ロシアの侵略から小国ウクライナの民主主義を守るのが「正義」だ、と答える人が多いのではないでしょうか。

ただ、中には「お互いに人を殺し合っているわけだから、どっちの国も悪いよね」とか「ウクライナが本当に正しいのかな」という疑問を持つ人もいます。

でも、そうした見方は少数意見で、それを主張し続けていると「変わった人」とか「へそ曲がり」などと言われてしまう可能性が高くなります。

ただ、考えてみれば、あの戦争が始まる前まではゼレンスキー大統領の国民からの支持率はたった2割しかありませんでした。それが、戦争が始まるやいなや大きく跳ね上がり、8割にも達したのです。

戦争を続けている限り欧米諸国はウクライナを援助するでしょうし、大統領としての彼の地位が揺るがされる可能性は低いでしょう。

だから、ゼレンスキーは自分から戦争をやめることはないだろう――そんな見方だってできるわけです。

でも私の見る限り、日本人の９割くらいの人は、ウクライナが善で、ロシアが悪だと信じているように思えます。その中では「ロシアが悪」というステレオタイプの見方をしていた方が無難に過ごせるはずです。

「いや、ゼレンスキーだって実は悪者かもよ?」なんて言おうものなら、性格の悪い人と言われてしまうかもしれません。


もちろんロシアの侵略行為は許されることではありませんが、両国で多数の犠牲者が出ている中では「プーチンが悪者で、ゼレンスキーは正義の味方」「ウクライナはかわいそうな犠牲者」という一面的な見方だけをしていると見落としてしまうこともあります。

ロシアがチェチェン紛争で市民無差別攻撃を行ったときには数十万人もの人が殺害されたと言われているのに、欧米諸国によるロシア制裁は小規模なものに過ぎませんでした。また、アメリカ軍やイスラエル軍によるパレスチナへの残虐行為でも、これほど多くの報道はされたことがないといいます。

誰かが定めた善悪に、多くの人がそのまま乗ってしまうという構図ができあがっているといえるのではないでしょうか。

また、皆が正義だと思っていることに乗りやすいという意味では、倫理的に問題のありそうなものに対する攻撃が強くなる傾向もあります。

テレビや雑誌、ネットなどで事件やスキャンダルが大々的に報じられると、特定の人や団体、国などを悪とする「怒りの共感」が一気に膨らんで、過剰なバッシング行為が堂々と行われるようになります。

恋愛リアリティーショーと呼ばれる某番組に出演していた女子プロレスラーが、番組中の言動をきっかけにSNS上で多数の誹謗中傷を受けて自殺してしまった事件がありましたが、最近でも、不倫をしたタレントや女性問題が発覚した政治家、飲食店で迷惑行為をした若者など、一度「叩いていい」と大衆に判断された人たちは徹底的に攻撃されてしまいます。

そういえば、先ほど宗教二世の話をしましたが、普段から世の中で白い目で見られている世界の人たちは、むしろ強い連帯感を持つことがあります。

たとえば、一般的にカルトと言われている宗教などでは信者たちの連帯感が非常に強い傾向があるのですが、常に世間で疎外感を覚えている信者たちは「他では本音を出せないけれど、この場なら出せる」という安心感や信頼感があるために、自然と仲間の絆が強くなるのでしょう。

その「仲間感」の強さによって、ますます宗教にのめり込んでいく人も少なくありません。社会では一度「変わり者」のレッテルが貼られると疎外されてしまいますが、少なくとも、その信者たちが集まる場ではそうではない。そこで自分が歓迎されているとか自分と同じ仲間がいると感じれば、ますます帰依《きえ》の度合いが強くなってしまうことも想像できます。

5人に1人が悩みごとを相談できていない

これまで見てきたように、自分のことを理解してくれようとする人がいるとか、本音をもらしたときにそれがネガティブなことであっても「その気持ちはわかる」と肯定してくれる人がいるということが非常に大切です。数は少なくてもいいから、人間にはそういう存在が必要なのです。

自分の本当の気持ちを受け入れてくれる相手や、本音に共感してくれる相手のことを心理学では「自己対象」と言いますが、こうした自己対象の存在がないと、人は「どうせ自分のことなんて誰もわかってくれないんだ」という疎外感を抱きやすくなってしまいます。

このような疎外感が募っていった結果、対人恐怖や不安障害などの心の病になってしまうこともあり得るのです。

また、非常に残念なことですが、自殺をする子のほとんどは親に相談できていないという現実があります。

ある調査によれば、中学生の５人に１人が、悩みごとを相談する相手が１人もいないと答えています。

親が正義や道徳をかざしても、子どものさびしさは決して解消されないのです。

時々、人間関係に悩んでいる子どもの親御さんが我が子の話をよく聞かずに「勉強ばかりしてないで、もっと友だちをつくったら?」とか「もう少し協調性を磨いてほしい」などと言うことがありますが、味方の中の味方であるはずの親が、我が子の得意なことを認めず、「皆と同じになれ」と言っているわけです。

親のこうした心ない言葉が、我が子をさらに追い詰めてしまうと言えるでしょう。

第2章

本音を言えない若者たち

嫌われる前から遠慮する

私は父親の仕事の都合で小学校時代に6回も転校したのですが、転校生というのはクラスに馴染むまでが大変です。転校経験のある人はわかると思いますが、クラスメートに自分のことをわかってほしいのに、わかってもらえないさびしさがあり、まるで「よそ者」のように感じることがあります。

それでも、少しずつ周りに寄ってきてくれる子が出てきて、お互いに「自分はこういう人間だ」というのを徐々に見せ合うことで次第に仲よくなっていくわけですが、今の若い世代から話を聞いていると、そういうパターンは少ないようです。

「クラスではずっと一緒にいるけれど、実はお互いのことをよくわかっていない」とか「相手に深く踏み込むのを躊躇《ちゅうちょ》してしまう」という声をよく聞きます。

友だち同士なのに、わけのわからない遠慮が蔓延《まんえん》しているのです。あまり深入りし過ぎないようにしようとか、自分のことを主張し過ぎないようにしようとか。

相手に嫌われる前から遠慮しているのでケンカも起きないけれど、何となくお互いがわかり合えていない感じがずっと根底にあるというものです。

そして、疎外感を覚えている人はよく「こんなことを言ったら皆に嫌われる」などと言いますが、聞いてみると、そう言っている人が実際にそれを試してみたことはないようです。

皆に合わせないと嫌われてしまうと思い込むあまり、実際にそうなるとは限らないのに、自分から本音を自主規制してしまうのです。

私たち日本人が得意の「忖度《そんたく》」の世界ですね。他人の心の中や考えを、勝手に先に読んで行動しているわけです。

たとえば、非常識な人間だと思われたくないとか、周囲から浮きたくない、結果的に仲間はずれにされたくないという理由で、新型コロナウイルスの感染者が減少した後もマスクをはずせない人がいます。

もちろん感染症対策は人それぞれのやり方で構わないけれども、熱中症のリスクのある猛暑日でも人から嫌われたくないという理由でマスクをはずせないとすれば、疎外される恐怖感はかなり大きいと言えるでしょう。

こうした仲間はずれにされたくないという気持ちを「疎外感恐怖」といいますが、これは若い世代ほど強いのではないかと私は考えています。

成績よりも友だちの数を競うように

というのは、ある時期から、学校が子どもに仲間はずれを極度に恐れさせる場になっているからです。

私が小学生くらいの頃までは、学校では勉強のできる子や、運動のできる子が高く評価されていました。

ところが、その後受験戦争が過熱し始めると、教育関係者や文部科学省の中に「競争が子どもの心の成長を妨げる」だとか「受験勉強をする子どもは性格が悪くなる」

などということを言う人たちが出てきて、学校では子どもたちに競争させない方がいいという論調が高まっていきます。

その結果、80年代以降ほとんどの学校でテストの順位を貼り出すことをしなくなりました。運動会の徒競走でも、順位をつけると運動の苦手な子が傷つくという理由から順位をつけない学校が増えました。

学芸会でも、主役がはっきりしない集団劇を行う学校や、複数の主役を用意する学校が増えていきます。

こうして学校から競争を排除する動きが高まり、その結果どうなったかというと、それまで脚光を浴びていた成績のいい子や運動のできる子に代わって、友だちの多い子が脚光を浴びるようになったのです。

勉強を頑張っても、スポーツで頑張っても、生徒が先生に褒められる機会は減ってしまいました。平等意識の行き渡った教育現場では、生徒に差をつけるのを極力避けるので、生徒も学校の中で自分の実力がどの程度あるのかがわかりにくくなります。

そんな中で、一つだけわかりやすいものがあります。

それは、友だちの数です。

その頃は、同時にいじめ問題が加熱していた時期でもありました。

１９８６年には東京都中野区の中学校でいじめによる自殺が、94年には愛知県でいじめ自殺が起こり、教育界では「いじめ根絶」や「仲間はずれ禁止」の取り組みが何より大事とされ、多くの学校で「皆、仲良く」という目標が掲げられるようになっていました。

さらに、少子化で高校や大学に比較的入りやすくなったこともあり、首都圏のエリート層の家庭の子どもを除けば、受験競争自体も大幅に緩和されていきました。

そうなると、当然のように学校や教師も、「勉強のできる子よりも、友だちが多い子の方がいい」という考えになっていきます。

結果的に、子どもたちは友だちの多さを競うようになっていき、90年代からは「学校カースト」「スクールカースト」などの言葉も登場し始めました。目立つ部活に所属しているとか、容姿が整っている、声や体が大きい、コミュニケーション能力が高いなどの子どもたちがクラスで上位に立つという風潮です。

いつの間にか、友だちの数やコミュニケーション能力の高さが人間の優劣を決めるものになってしまったわけです。


ただ、コミュニケーション能力というのは、努力したら誰でもすぐに獲得できる類のものではありません。中には話し方や聞き方など、トレーニングすることで伸びていくスキルもありますが、それでも一朝一夕で大きく変わるものではありません。

もちろん個人差もあるので一概には言えませんが、私は勉強やスポーツなどの方がよほど、努力と修練によって改善していく可能性があると思っています。

それなのに、友だちをたくさんつくれ、皆と仲良くしなさいと押し付けられる子どもたちは本当に気の毒です。

すでに半世紀以上生きてきた私から言わせていただくと、性格というものは、さまざまな経験を通して変わっていきます。

内向的でおとなしかった人が仕事を通して外向的に変わっていくこともありますし、

本人の努力によってコミュニケーション能力が磨かれていくこともあります。

しかし、繰り返しますが、短期間で急激に変わるものではありませんし、中学生や高校生であれば、まだコミュニケーションスキルを学んでいる段階です。

そうした中で皆と仲良くして、自分が仲間はずれにされないためにはどうするかといえば、やはり周りの人と話題を合わせるとか、大勢が賛成する意見に賛同することを考える人が多いようです。その場の空気を読んで周りに話を合わせ、変わったことを口にしなければ、人から特別に嫌われることはないと考えるのでしょう。

その結果、疎外感恐怖を抱えながら互いに遠慮し合い、深く入り込まないような関係性になるのも無理はありません。

それでも、私が子どもの頃は、親の世代の多くはやはり成績のいい子やスポーツのできる子を高く評価していました。

私もいじめにあっていたときは、母から「お前は勉強ができるのだから何も恥じることはない。勉強で見返してやりなさい」と励まされ、ずいぶん救われたものでした。母は私の取り柄を認めてくれていたのです。

ところが今の親世代は、自分たちも「友だちの多い人の方が人間的に優れている」と刷り込まれて育っているために、我が子に友だちが少ないとか、誰も遊ぶ人がいない、ましてや仲間はずれになっているなどと聞くと大いに動揺して、我が子の取り柄に目が行くどころか、もしかしたら人間的に何か問題があるのではないかなどと考え始めるのです。

そうなると、子どもは親に何も相談できなくなってしまいます。

こうした動きに加え、１９９０年代からは小中学校で「観点別評価」が始まりました。これはペーパーテストの点数による評価だけでは一面的な評価になってしまうという考え方から、教師が生徒の意欲や授業態度を見て判断するという評価方法です。子どもが頑張って取った点数よりも「先生がどう見ているか」という観点が重視されるということです。これによって、自分の考えより周りの目を気にする傾向がさらに進んでしまっても無理はありません。

過保護に育てられた子どもは幸せか

近年は「いじめにつながる可能性がある」という理由で、あだ名やニックネームを禁止する学校も増えているそうです。本人が望まないあだ名を付けられて、からかわれることを危惧しているのでしょう。

子どもが傷つかないように事前にルールをつくり、1人で過ごしている子どもがいれば、先生が皆に声をかけて一緒に遊ばせる。そうすれば、仲間はずれやいじめは起きないはずだ——教育界の役人たちはそう考えているのかもしれませんが、本当にそうでしょうか?

私には、それは過保護で安易な考えとしか思えません。

考えてもみてください。学校で子どもが傷つかないように配慮されたとしても、社会に出ればいまだにパワハラやセクハラ、モラハラなどが横行している組織もあります。差別はよくないと言いながら、性別や国籍、出身地、外見、学歴などいろいろな理由で差別が行われることもあります。

また、子ども時代は人間性がもっとも重視されて育つのに、社会に出てからもっとも評価されるのは「いかにお金を稼げるか」や「どれだけ効率よく仕事ができるか」ということです。社会に出た途端、日本だけでなく世界との競争を強いられ、そこで業績が悪ければ上司から叱られ、場合によっては減給や降格もあり得るのです。

つまり、今の教育というのは、大事なペット状態で育てた子どもをいきなり野生のサバンナに放り込むようなことをしているわけです。

子ども時代に、絶対に傷つけないような配慮をされていた子どもたちが、いざ社会に出てうまくやっていけるでしょうか。私は疑問だと思います。

そして、過保護に育てられた子どもは果たして幸せなのでしょうか。

2000年代初期に、同級生の友だちにネットの掲示板へ身体的特徴をからかう言葉を書かれた小学6年生の女子が、書いたとされる相手をカッターナイフで刺し殺してしまった事件がありました。
加害者も被害者も11歳の少女で、殺害現場が小学校だったこと、また凄惨な事件だったことで、世間に多くの衝撃を与えました。

しかし私がもっとも戦慄したのは、身体的特徴をからかわれたことで友だちを殺そうと思った、という点です。本人が気にしていることであればもちろん傷つくとは思いますが、だからと言って多くの人にとっては相手を殺すほどのことではないはずです。

そこで、加害者はきっと生まれてから一度もからかわれたことがなかったのだろうと考えました。悪口を言われたことがなく生きてきた子なら、少しからかわれただけで大きなショックを受けてしまうのではないでしょうか。

本来であれば、掲示板に書き込まれた悪口を削除するとか、相手に抗議するとか、先生や親に相談するとか、いろいろ対策はあったはずです。

でも、それまで悪口を言われたことがない、仲間はずれにされたことがない、傷ついたこともないという状態では、傷つく経験に対する免疫力が低くなってしまい、悪口を一回言われただけで大きなダメージを受けてしまったのではないでしょうか。

ですから、これは日本特有のいびつな教育の結果だと思いました。

いじめも悪口も仲間はずれも、人間が集団生活を送る上でゼロにすることは不可能です。心の成長が未熟な子どもだけでなく、大人の社会にもあり得ることです。

ですから、未然に防ぐことを重視するよりも、ある程度は子どもたちの好きにさせた上で、いじめられた子に対するケアと解決策を充実させる方が大事ではないかと思うのです。

「いじめられたら学校を休んでいい」と事前に教えておくとか、スクールカウンセリング制度をより充実させるとか、保健室登校でも成績を下げないようにするなど、いじめを起こらないようにするのではなく、起こってしまったときの解決策をきちんと用意しておく方が、よほど教育的配慮になるはずです。

道徳教育だけでいじめはなくならない

残念ながら、この社会には理不尽なことがいくらでもあります。

いくら子どもたちに仲間はずれや弱い者いじめはよくないと教えてもゼロにすることはできないし、先生たちがどんなに「いじめはやめましょう」「皆仲よくしましょう」と標語をつくって呼びかけても、実際の効果はあまりないでしょう。

残念ながら、いじめという行為をすると優越感や支配欲などが湧き起こり、ある種の快感が伴うので、いったん始まると止めるのはなかなか難しい面もあります。集団行動を送る上では、やはりいじめや仲間はずれは起こり得るもの、と考えておいた方がいいと思います。

そして、これは極論になりますが、私は子ども時代には少しは嫌な体験や理不尽な体験もしておいた方が、これからの人生を考えたときにはプラスになるのではないかと思っています。

人というのは、過去に経験のないものをひどく怖がる性質があります。殴られた経験がなければ、殴られることを過剰に怖がるようになります。だから、誰かに「殴るぞ」と脅されれば、恐怖のあまりすぐにお金を出してしまう可能性もあるのです。

もちろん、暴力はどんな理由があろうと許されるものではありません。

しかし世の中には、殴ることで相手を自分の意のままに操ろうとする人もいるのです。

殴られたら痛いし、怪我をするかもしれないけれど、過去に経験のあることなら今度はそれを避けられるようになるかもしれません。また、数日経てば痛みがおさまるということがわかるかもしれません。

もちろん、これはたとえ話です。暴力は立派な犯罪で絶対に肯定されるべきではないということは強調しておきたいのですが、私が言いたいのは、いじめや仲間はずれや暴力は、避けようと思っても起きてしまうことがあるということです。

とにかく子どもを傷つけてはいけない、仲間はずれやいじめは絶対にあってはならないという方向だけで考えていると、理不尽なことに対する子どもの免疫力は実質的にゼロのままです。

道徳を教えることも大事ですが、残念ながら道徳に反することを起こす人もいるのですから、問題が起きてしまったときにどうするかという解決方法を教える教育の方が実効性はあると思うのです。

そもそも日本の教育界というのは、何か問題が起こらないようにする予防教育には力を入れているけれども、それが起こったときにどうするかという対応策には不十分なところがあります。

学校側や教育界は問題を起こさせないことだけを考えるのではなく、実際に何かが起きたときを視野に入れて、解決策を考えておくべきだと思うのです。

また、今の学校のような「仲間はずれやいじめは絶対にあってはならない」という考え方では、実際にそれらが起こったときに、隠す方向へ向かってしまうリスクがあります。

いじめがあったことを認めたら現場の人間が処分を受けるのですから、はじめから「いじめはなかった」ということにされても不思議はありません。そして、組織一丸となって隠蔽する可能性も高くなるのです。

問題は「友だちのいない人には欠陥がある」という価値観

今の日本では、友だちの多い人は人間性に優れて皆に信頼されるとか、コミュニケーション能力があれば社会に出てからも成功すると思われています。場の空気を読めて、多くの人とうまくつきあえる人の方が優れていると考えられているのです。

それに比べて、友だちがいない人は、一般的に「我が強い」とか「変わり者」「性格が悪い」などと受け止められています。

何よりも協調性が重視され、自分の意見や考えにこだわるよりも、周囲に合わせることの方が大事だと思われてきました。

それが極端な形で表れたのが、以前話題になった「便所飯」という現象です。

若い世代、特に大学生が1人でランチをしている姿を見られるのが恥ずかしいので、トイレの個室で人目を忍んで食事をする行為のことです。

彼らは、自分の家で1人で食べるのは気にならなくても、知り合いが見ているかもしれない学食やカフェで、「ぼっち」で食べているのを見られるのが恥ずかしいと感じてトイレに隠れてランチをとるのです。

中には都市伝説ではないかという声もありましたが、実際に20代の5人に1人が便所飯を経験したことがある、という調査結果もありました。

この便所飯の何が問題なのかというと、常に誰かと一緒にいない自分を「おかしい」と感じてしまうことです。

いや、確かに自分は友だちが多い方ではないし、特に今日は友だちが誰もいないから1人で食べているけれども、単にそれだけのことだと捉えられれば、こそこそトイレに隠れることはありません。1人で食べているのは「おかしいこと」と捉えるからこそ、他人に見られるのを恥だと感じるのでしょう。

ただその時間に一緒にご飯を食べる相手がいないだけなのに、「友だちがいない自分＝ダメな人間」だと、社会的な意味付けをしてしまうことが問題なのです。

その根底にあるのは、やはり「友だちが多いほど優れている人間であり、友だちのいない人は欠陥がある」という価値観でしょう。

私のような世代が想像する以上に、若者にとって自分には友だちが少ないという事実に直面するのは辛いことなのです。そして、その価値観は、大学生や社会人、もしかしたら親になってからもずっと続きます。それがこの問題をより根深いものにしているのです。

だから、子どもは子どもで、1人でランチを食べている自分は変な人だと思われてしまうという風に不安になるし、親は親で、我が子が放課後1人で過ごしているというだけで「うちの子には友だちがいない。何とかしなきゃ」と悩んでしまうわけです。

でも、友だちが少ないことやいないことは、そんなに悪いことなのでしょうか。

精神科医としては、孤独そのものよりも、そうやって人の視線を恐れるストレスの方が問題だと思います。疎外されることを恐れすぎて、その人らしさや自信がなくなってしまうのです。

私自身は、「友だちのいない人や少ない人は欠陥のある人間だ」という考え方は一面的で短絡的だと思っています。

それに、今はダイバーシティという言葉が盛んに使われています。

多様な人がいていいし、多様な生き方があってもいいという考え方があります。それなら、友だちが少ない人やいない人がいたっていいはずです。

２０２１年にノーベル物理学賞を受賞した気象学者の真鍋淑郎さんは、１９７５年にアメリカ国籍を取得しています。彼はその理由を会見でこう語って話題になりました。

「私はまわりと協調して生きることができない。それが日本に帰りたくない理由の一つです」

実は、私自身もアメリカ留学から帰国したときにそれを痛感しました。日本では、協調性のない人間や友だちの少ない人間はまるで「欠陥品」のような扱いでしたが、アメリカ社会は日本社会に比べて協調性よりも業績などの結果を重んじるところがあり、研究者にとってはアメリカの方がずっとやりやすいと感じていたのです。

また、日本では友だちの多い人は人間性に優れていると思っている人が多いけれども、その「人間性」とは何かといえば、「周りに合わせる能力が高い」ということではないでしょうか。

周りと協調する能力や人と協力する能力には優れているけれども、自分の個性を出したり、自分の意見を声に出したり、自分が面白いと思ったことを素直に面白いと言うことができないという人も少なくありません。

もちろん世の中には協調性に長《た》けた人も必要ですが、そういう人ばかりの社会はつまらないし、何より窮屈だと感じてしまうのは私だけでしょうか。

ＳＮＳで発散すれば大炎上

自分の親にも友だちにも本音を言えないとき、ＳＮＳやネットなどで発散しようとする人もいます。

そこで適切なコミュニケーションが取れるのであれば、ＳＮＳやネットもいいでしょう。自分の思いを投稿して、それを見た人から何かしらの反応があれば、「自分は1人じゃないんだ」と感じられるはずです。

しかし、本音を投稿したことで思わぬ炎上を招くこともありますから、注意が必要です。匿名のＳＮＳであれば、別に知らない人に叩かれても大丈夫という覚悟を持てる人もいるでしょう。それなら、ＳＮＳも自分と近い考えを持つ仲間を見つけるツールになり得るかもしれません。

たとえば、ロシアとウクライナの報道についてテレビ局を批判する投稿をしたら、バッシングされる可能性もありますが、「その通りだ」と言ってくれる仲間を見つけられる可能性もあります。それを見て「自分と同じように思う人がいるんだ」と心強く感じられるかもしれません。

ただし、不特定多数の人が見ている場で自分の本音を投稿するというのは、かなり勇気のいる行動です。

時々、ネット上で叩かれたってまったく気にならないという、心臓に毛の生えたような人もいますが、普通の人がそんな心境になるのはなかなか難しいことです。どちらかというと厚かましい部類に入る私のような人間だって、実はネットの書評で悪く書かれたりすると、結構落ち込んでしまいます。


そういえば、２００４年にスタートしたミクシィという日本発のＳＮＳがあり、ここでは多数のクローズドなコミュニティが存在します。

そうしたクローズドなコミュニティでは、考えの近い人だけが集まっていてアンチなユーザーも少なく交流しやすいかもしれませんが、最近の新たなＳＮＳはユーザー数も膨大になり、サービスの規模も格段に大きくなっていますから、考えの近い人だけを集めるのはなかなか難しい面があります。

また、Instagramなどのように若い世代の多くが使っているSNSでは、リアル世界と変わらない人間関係が反映されていたりします。

いや、むしろリアル世界以上に厳しい世界かもしれません。

フォロワー数がすぐにわかってしまうので、その数がその人の価値であるかのように捉えられている面もあるようです。つまり「フォロワーが多い人は、人間的にも優れている」という価値観です。

そのため、フォロワー数を増やすためだけに、それほど興味のない相手でも相互フォローをしたり、「いいね」を押しまくったりする人もいます。

また空気の読めないコメントをすると叩かれてしまうので、多数派の意見や口当たりのいいコメントをする人が多く、ネット上でもお約束的で無難なやり取りをすることになります。多くの人が、自分の発信したことが相手に受け入れられているかが不安になり、LINEにしてもInstagramにしても、なるべく「いいね」をもらえるように無難なものや「盛った」ものを発信しています。

しかも今は同調圧力が強いため、「人と違うことをする人が叩かれるのは当たり前」という意識も多くの人に染み付いています。最近は、異論を口に出した人が叩かれるのは当然で自業自得だという空気すら感じます。

つまり、今の若い世代というのは、親子間での本音のコミュニケーションも少なく、本音を話せる親友もつくりにくい。さらに、ＳＮＳ上でも自分の本音を吐いたら叩かれてしまうという、ある意味では八方ふさがりの状況に陥っているのではないかと危惧しています。

本音を吐き出す場所がない

第1章で、今はコンプライアンスが厳しくなったという話をしました。

しかし、これは日本だけの話ではありません。欧米でもそうです。

特にアメリカでは１９８０年代から「ポリティカルコレクトネス」という言葉がよく使われ始め、特定の民族や人種、性別、宗教、職業、年齢などに対する差別表現の使用が避けられるようになりました。当事者が不快感や屈辱感を感じる可能性のある言葉を使うのはやめよう、といった考え方が主流になっています。

私がアメリカに留学していたときも、特に社会的地位の高いエグゼクティブ層の人々の間に女性蔑視や人種差別に対する厳しい目が注がれていました。そのため、家の外だけでなく、家の中でも「言ってはいけないこと」がありました。

たとえば、夫が妻に「僕はもう十分稼いでるから、君は仕事を辞めて家で子どもの世話と家事をしてほしい」などと言おうものなら、女性の権利を認めない差別主義者ということにされて離婚話が出るほどです。

中流以下の階層では、いまだに露骨な人種差別や女性差別、ＬＧＢＴＱ（性的少数者の総称）の人々への差別などをしている人たちがいますが、中流以上の人たちは、会社の中でも家の中でも差別的な感情は絶対に出してはいけないという風潮が強いようです。

ですから、もしかしたら心の中では「学歴のない人間をバカにして何が悪いのか」とか「なんでこんなに男が女に気を遣わなきゃいけないんだ」などと考えている人もいるかもしれませんが、そんな本音はとても面《おもて》には出せないわけです。

ただし、欧米ではそういうときに気持ちを吐き出せる相手がいます。

カウンセラーや精神科医です。

エグゼクティブの人たちは誰にも言えない本音を聞いてもらえる場として、お金を払って精神科や心療内科に通っています。

彼らは週に何度か、妻や夫にも言えない愚痴や本音を精神科医の前でこぼして、気持ちを楽にするのです。

「カウンセラーなしで、いったいどうやって自己管理をするの？」と言う人もいるくらい、自己管理のためにはメンタルケアが欠かせないというのが欧米社会の常識です。

日本では、精神科や心療内科に行くのは「心を病んだ人」というイメージが強いのか、そう気軽に通える場所ではないようです。

また、「自分の問題は自分で解決しなければいけない」と1人で抱え込んでしまう人も少なくありません。そうして1人で悩み続けて、もう自分だけではどうしようもなくなってから、やっと精神科に来られる方も多いです。すでにかなり重いうつ症状が出ている患者さんも目立ちます。

日本では、その代わりによくわからない宗教や占いにはまって高い壺を買わされたり、キャバクラに行って高いお金を払って愚痴をこぼしたりする人が多いけれども、それは自分の気持ちをわかってもらえる場がないからでしょう。他に本音を吐き出せる場所がないのです。恋人やパートナーがいても、相手に自分の本音をわかってもらえないとか、心が通じ合っていないと感じていれば、さびしさを感じて当然です。

でも、宗教や占いやキャバクラに行く前に、もっと気軽に心のプロに頼ってほしいと思います。

学校に通っている人も、友だちや親や先生に相談できないことがあったら、スクールカウンセラーや心療内科を利用してみてください。早い段階で専門家に話を聞いてもらえば、心身のダメージもひどくならずに済みます。

まずは、あなたの話をきちんと聞いてくれる人が必要なのです。

強い者がさらに強くなる1人勝ちの社会

これまで見てきたように、日本にはさびしさを感じやすくする教育や社会がありま す。

そして、人から嫌われてしまうという疎外感恐怖が強く、本音を出せない人はさびしさを抱えこみやすくなりますが、そのさびしさを埋めようとして、ますます周囲に合わせるようになる傾向があります。

そのため、さびしさを抱える人が多くなると多数派に賛同する人が増えていって、ますます異論を発信しにくくなります。

その結果、強い者がさらに強くなっていく「1人勝ち」の現象が出てきます。

古くはアイドルや歌手が「御三家」などの形で人気が分散していたのが、1980

年代頃からは1人のアイドルや一つのグループへ人気が集中し始めます。クラスの大半が同じアイドルやゲーム、アニメのファンでまとまってしまうという現象になっていったのです。

この傾向はその後さらに進んでおり、今は音楽でもアイドルでも映画でもゲームでも巨大ブームやメガヒット現象が拡大しています。

また、長く続く自民党の一強体制なども、こうした志向の表れではないかと思っています。この国では約30年間も働く人の給料が上がっていないのに、また物価は上がり続けているのに、国民は文句も言わず、選挙では自民党が勝ち続けて野党が負け続けています。

アメリカでは左翼政治家のバーニー・サンダースのような人が大統領選に出馬したりしていますが、今、日本の左翼政党は瀕死の状態です。というよりも、「左翼」という言葉を出しただけで「変わった人」とか「あぶない人」と見られてしまうような風潮もあります。

そして、生活保護を受けなければ生活できない人や薄給で雇われている非正規雇用の人など、社会的に弱い立場にいる人たちが団結しようとすると「サヨク」と言われて叩かれやすいという現実もあります。

そういえば、イギリスの「Charities Aid Foundation」というチャリティ機関は、世界各国で「人助け指数（World Giving Index）」という調査をしています。

「この１カ月間に見知らぬ人、あるいは助けを必要としている人を助けたか」「この１カ月間に寄付をしたか」「この１ヶ月間にボランティアをしたか」という三つの観点から各国の人々にアンケート調査を行って採点するものですが、２０２２年の日本の総合順位といえば、１１９カ国のうち１１８位。ほぼ最下位です。

順位が低いのはこの年だけでなく、調査が始まった２００９年から、残念ながら日本はずっと最下位グループです。

かつての日本には「弱きを助け、強きを挫《くじ》く」という武士道精神がありましたが、今はその反対の「強きを助け、弱きを挫く」という感じではないでしょうか。強い人の言うことは黙って聞くけれども、弱い人のことは嫌って皆で叩く。弱者は同情の対象ではなくて、叩いてもいい対象にされてしまうのです。

強い側につくことで、自分もそちら側だと安心感を得られる人が多いのかもしれません。

私は、そこには「これ以上、下に落ちたくない」という大衆心理も働いていると見ています。

30年間ほとんど経済成長せず、実質賃金や1人当たりGDPも下がり続けている日本は先進国の中でも貧乏な国になってしまったと言われていますが、貧乏は貧乏なりに「中の下」くらいの暮らしを維持できるなら、そこそこ満足だという考え方をする人も多いようです。先行きが不安でも、変化より現状維持を望む人も少なくありません。なぜなら、日本では給料が高くなくても低価格で回転寿司や焼き肉が食べられるし、100円均一の店や量販店で安く物も買えるからです。

だから、別に中の下でいい。抜本的な改革は必要ない。ただし、自分は最下位5%

には落ちたくない。そんなふうに考えている人も、実は多いのではないでしょうか。

でも、誰でも病気になる可能性はありますし、仕事だってこの先はどうなるかわかりません。いつ、誰が落ちても大丈夫なように社会保障や福祉を充実させておいた方がいいのではないかと思うけれども、社会保障や福祉についてきちんと考えてくれる政治家や政党を選ぼうとする人は多くはありません。

「これ以上、下に落ちたくない」と多くの人が思っているはずなのに、自分が落ちたときのことは考えていないのです。

これは、先ほどのいじめ対策と同じ構図でしょう。

「いじめはよくない」と言いながら、実際にいじめが起きたときの解決策を考えていないので、いざ起きたときにはどうしたらいいかわからず、なかったことにしようとするのです。困っている人がいても「明日は我が身」とは思わず、努力しない本人が悪い、自己責任だと責めるのです。

でも、誰でも助けが必要になる可能性はゼロではありません。

ですから、皆が困ったときにどうするかという解決法を考えておいて、柔軟に対処していくことが必要でしょう。

ただし恐怖感が強いと、その場の感情に流されて思考することができなくなり、合理的な判断を失ってしまいます。その結果、いつまでもマスクは外せなくなり、いじめはなかったことにされ、貧困を救う制度をつくるよりも落ちた人間を叩く方向に向かってしまいます。

残念ながら、今の日本には皆でよりよい社会をつくって、皆で豊かさを分け合っていこうという上昇思考はほとんど消えてしまって、「自分だけは落ちたくない」という思考で皆が小さくまとまっているという気がしてならないのです。

第3章

味方は1人でもいい

つるんでいる友だちは多いけれど…

ここまで、さびしさを恐れる疎外感恐怖について見てきました。

では、実際にさびしさを抱えている人がどうしたらいいのかを考えてみましょう。

解決法は大きく分けて二つあります。

一つ目は、周りの人やマジョリティに合わせておくこと。周りの意見に賛同して、人と違うことはしない。多数派の意見に合わせて無難なやり取りだけをする。それによって、とりあえず表面的な友だちを増やしていくというやり方です。

もう一つは、少数でいいから自分の本音を受け入れてくれる味方を見つけて「自分は1人じゃない」という安心感を得ることです。

細かく考えればこのほかにもいろいろあるかもしれませんが、大まかにはこの二つの方向になると思います。

まず一つ目の方法ですが、私はおすすめしません。

なぜなら、これまでもお話ししてきたとおり、表面的な友だちが増えていけば自分は仲間はずれにされていないと感じてひとまず安心するかもしれませんが、それはその場しのぎのものでしかないからです。

今度は、その友だちに嫌われてはいけないというプレッシャーが出てきます。それが本当に気の合う人たちならいいのですが、そうでない場合は無理をしてでもその場になじまなければいけないという同調圧力が働いて、ますます自分の本音を誰にも打ち明けられなくなってしまいます。

一時的には疎外感を覚えなくなっても、そのうちもっと辛い状況に陥ってしまう可能性があるのです。

それよりも、少数でいいから自分の本音を受け入れてくれる味方、特に親友を見つけることの方が本質的な解決につながるはずです。

精神分析の世界では、親友というのは自分の親以外に初めて自分の秘密や本音を打ち明ける対象だと考えられています。

誰でも、中学や高校くらいの思春期になると親に言えないことが出てきます。好きな人や嫌いな人の話、自分の体や心の変化、性的な悩みや戸惑いなど、とても親には話せないと思うようなことを、きっとこの人ならわかってくれるはずだと信じた友だちに打ち明けるようになります。

そして相手がそれを受け入れてくれて「俺も同じ」とか「私もそう思っていた」という話になると、「自分だけが変なわけではない」「自分は皆と同じ人間なんだ」という感覚を持つことができ、他者と適切な関係を築けるようになっていきます。

これが理想的な成長ストーリーです。

幼少期の家庭では自分を全面的に受け入れてくれる親や保護者がいて、その後には自分の秘密を受け入れてくれる親友がいることによって、人はさびしさを抱えずに生きていけるわけです。

ところが思春期になっても、「人と違うことを言ったら嫌われる」とか「他の皆に合わせないと仲間はずれにされる」と思っていたら、誰かに自分の内面を打ち明ける勇気を持つことはできません。変なことを言ったら誰も寄り付かなくなるのではないかという疎外感恐怖があるために、なかなか本音を打ち明けられないのです。

そうなると、普段一緒につるんでいる友だちは多くても、親友のような人は１人も持てないということになります。

結果として、たくさんの友だちが周りにいるけれども、その関係性は広く浅いものになり、自分の本音は一切口に出せずに心の奥底に閉じ込めていると感じてしまうのです。

偽りの自己しか持てない人々

私が心配するのは、このように周りの人と同じになることで「自分がない」状態になってしまうことです。自分の存在意義を感じられなくなると、誰もが不安になり、孤独感も大きくなります。

友だちとうまく付き合うということは、相手と同じ意見を持つこととは違います。お互いの意見や考えが違っても、それを認め合うことで世の中にはいろいろな見方があることを学びます。また、他人に自分の秘密を受け入れてもらうことで、気持ちが楽になるのです。

しかし、自分が今どう考えているかよりも、友だちが笑うことに笑い、友だちが怒ることに一緒になって怒り、友だちと同じような行動をするというのでは、自分の個性を殺しているということです。

そうやって周りに合わせているうち、自分はどう考えていたのかわからなくなってくることもあるでしょう。

周りの友だちと一緒になって「あいつ、絶対許せないよね」などと口に出しているけれども、自分自身は本当に怒りを感じているのか、それとも周りに合わせているだけなのか、わからなくなることもあるかもしれません。そのうち、その気もないのにいじめ集団の一人になってしまった、という人もいるかもしれません。

自分の個性を殺して、その場の雰囲気に合わせて明るく振る舞っているけれども、心の中にはいつも不安や悩みやネガティブな感情がドロドロと渦巻いている――そんな状態を、イギリスの精神科医のドナルド・ウィニコットは「偽りの自己」と表現しました。

自分の感情をそのまま素直に表現するのが「真の自己」なら、周りの人に合わせて自分の感情や行動を選ぶのが、「偽りの自己」です。

もちろん誰だって、自分の感情をいつもそのまま出していいわけではありません。皆、その場その場で求められる社会的な役割や立場に適応しながら、さまざまな顔を使い分けて生きています。

ですから、偽りの自己を持つこと自体は特に問題ではないのですが、偽りの自己「しか」持てないことが問題なのです。

友だちがたくさんいても、表面的な付き合いしかしていなければ、自分の本音を出せずに辛い思いをします。徐々に真の自己が失われていき、周りの人たちに嫌われることや仲間はずれにされることを極度に恐れるようになり、孤独感がさらに加速してしまう危険性があります。

表面的には皆が周りの人と仲良く接しているけれども、心の深い部分では疎外感やさびしさを抱えている人が多いというのが、今の日本社会の現実だと思います。

友だちは何人いればいいのか

ですから私がおすすめしたいのは、たくさんの友だちをつくることではなく、少数でいいから、自分をわかってくれる友だちを見つけることです。

「友だちは何人いればいいのですか?」と質問を受けることもありますが、それは人それぞれでしょう。

友だちの数より重要なのは、相手が信頼できる友だちかどうか、きちんと話ができる友だちかどうかということです。

私たちは孤独への不安と同時に、「ありのままの自分で生きていきたい」という欲求も持っています。ありのままの自分を人から認められたいという自己愛があるからです。

それなのに、友だちと話をするときにも常に気を遣わなければいけないとか、こちらの話にあまり興味を持ってもらえないとか、自分の関心のない話題にも気のあるふりをしなければいけないというのは、とても辛い状況です。

こういう友だちが周りに大勢いても、孤独感が減るどころか、なおさら強まり、精神的に疲れてしまいます。

それよりも、いい本音でも悪い本音でも忌憚《きたん》なく話せて、お互いに言いたいことを言い合える友だちが１人や２人でもいるなら、それで十分です。

自分の本心を言えて、それを丸ごと受け止めてくれる友だちが１人いるだけで、自分のことを信じられるようになるし、他人を信じてみようという気持ちが生まれてくるからです。

大事なことは、たくさんの表面的な友だちよりも、本音をわかってくれそうな人、自分と同じような考え方をする人、自分を受け入れてくれる人を探すことです。

あなたがあなたらしく生きられるためには、そういう人を1人でも見つけることが大切なのです。

「合わないものは合わない」と割り切る勇気を

それに、これまで生きてきて実感できる人も多いと思いますが、出会った人全員と気が合うことなんてあり得ません。どう頑張っても、気の合わない人はいます。無理をしてそういう人と付き合うよりも、気の合う人と仲よくしようと決めた方が、気持ちは楽になりますし、はるかに効率的です。

しかし先ほども言ったように、世の中には「友だちが少ないのは、自分の性格が悪いせいだ」と自分を責めてしまう人がいます。対人関係でうまくいかないのは「自分の努力が足りないからだ」などと言う人も多いのですが、それは間違いです。

残念ながら、人と人には相性というものがあり、どんなに努力をしても合わない人はいるのです。あなたの努力だけで仲よくなれるほど、人間関係というものは単純なものではないからです。

ＳＮＳでは相手の投稿に「いいね」を押したり、好意的なコメントを残したりすれば良好な関係をキープできるかもしれませんが、リアルな世界ではそれほど表面的な関係ではいられませんよね。

こちらがいくら相手に合わせようと思っても、なぜか噛み合わない人や、うまく話が合わない人がいてもおかしくはないのです。

そんなときは、いっそ「合わないものは合わない」と割り切る勇気も必要です。

よく、人が10人程度いたら、１人はあなたを嫌うかもしれないけれども、２人くらいはあなたに好意を持つなどといわれます。私の実感としてもそうだと思います。

どんなに自分の行動に気をつけていても、自分の性格や個性に関係なく、人に嫌われてしまうこともあるのです。

もしも誰かと一緒にいて、自分が自分でいられないと感じるのであれば、それは自分が無理をしているということなのかもしれません。

周りにいる友だちと気が合わなければ、「友だちの言っていることに合わせられない自分が変なのかな」と自信をなくしてしまうかもしれませんが、それは単に周りにいる人と気が合わないというだけのこと。

それよりも、話をしていると心が落ち着く人、ウマが合うと感じる人、一緒にいて元気になれる人などを選びたいものです。

1人でもそういう味方や友人がいるなら、その関係を大切にしてほしいと思います。

気の合う友だちをどう探すか

では、どうしたらそういう友だちを見つけることができるのでしょうか。

やはり、まずは実際に話してみないとわかりません。

そして、「この人の考え方や感覚は、自分と似ているな」とか「この人なら自分のことを受け入れてくれそうだ」と感じられる人がいたら、少しずつ近づいてみることです。

ただ、友だちというのは、何かのきっかけがあって一気に仲よくなるということもありますが、たいていは時間をかけて徐々に距離が近づいていくものです。

すぐに自分の本音を全開にしたり、相手の懐にいきなり入ろうとしたりすると、相手が警戒してしまうこともありますから、まずは相手のことをゆっくり見極めて、少しずつ近づいていく方がいいと思います。

ただし、ずっと遠慮していては何も変わりません。少しずつ自分をさらけ出すことによって、相手との共感が生まれることもあります。勇気を出して自分の気持ちを出さなければ、いつまでも相手に自分のことをわかってもらうことはできないのです。

そのためには、自分の本音を少しずつ出してみること。

中には、これまでは「こんなことを言ったら変と思われるかな」などと考えて口にしなかった人もいるかもしれません。「皆とはちょっと違う考えみたいだから、言うのはやめておこう」ということもあったかもしれませんね。

でも、本当にそうでしょうか。

精神科医としてこれまでたくさんの方を見てきて、私は、人間の本質というものはそれほど大きく変わるものではないと考えています。

多かれ少なかれ、誰だって人から認められたいという欲望や人から嫌われるのではという不安を持っているものです。お金が欲しいとか、人からモテたいとか、成功したいとか、幸せになりたいという思いも、程度の差こそあれ多くの人が持っています。そして、多くの人が自分の中に矛盾するさまざまな感情を抱えています。

私が言いたいのは、「人間というのは基本的にはだいたい同じ」ということです。

一般からかけ離れた思考パターンを持っているという人は、それほど多くありません。

ですから、人間関係の不安やさびしさや息苦しさを抱えているのはあなただけではないはずです。皆がそれなりに不安を抱えながら生きていると気づけば、自分だけがダメな人間だと思ったり、悩んだりすることも少なくなるのです。

もちろん、グループ内で皆が思っているのとは違うことを言って、ちょっと微妙な空気が流れてしまうこともあるかもしれません。人間の本質はだいたい同じでも、考え方や表現方法はそれぞれに違うからです。

でも、それは実際に口にしてみなければわかりません。あなたが話しかけたり、ちょっとした本音を吐露したりすることで、それに共感を覚えてくれる人もいるかもしれませんよね。

もちろん最初は不安だと思います。これまで皆と同じようなことを言って周りと調子を合わせてきた人なら、なおさらでしょう。

でも黙っていたら、いつまでたっても共感は生まれないし、親友もできないのです。

人は子ども時代を通して、どんな言動が人から好かれるのかという人間関係の基本を学んでいきます。その反対に「こんなことを言ったら嫌がられる」ということも学んでいきます。こうした体験をたくさん積み重ねていくことが重要なのです。

本音を少々言ったところで、本当に嫌われるとは限りません。それまで誰も口にしなかっただけで、心の中であなたと同じように考えていた人もいるかもしれないのです。

もしもあなたの言葉でたくさんの人を怒らせるようなことがあったら、その言い方は人から嫌がられるということですし、うまい言い方がわからないのであれば、親や先生やスクールカウンセラーに相談してみるのもいいでしょう。

頭の中で、「こんなことを言ったら嫌われるかもしれない」と考えているだけでは、その検証はできないのです。そして、皆の顔色を窺って、いつも人の言うことに「いいね」ばかりで合わせていると、一生、誰にも理解されないままです。

何かを言えば、それを嫌う人もいますが、それを好む人もいるものです。

少なくとも、皆と無難に合わせているだけでは気の合う友だちはできないということは知っておいた方がいいでしょう。

嫌な人の言葉はスルーしてもいい

たとえばコロナ禍におけるマスクの扱い一つとっても、さまざまな考え方や見方がありますよね。

感染不安や外出制限のストレスの中では、親しかった人同士でも「そんなことを言う人だとは思わなかった」と感じるような出来事も、ひょっとしたらあったかもしれません。

でも、世の中には答えが一つではないことはたくさんあります。社会に出れば、テストのように「これが正解」ということはほとんどありません。

特に「私はこう思う」というのは、その人の自由です。

前に例に出したウクライナの戦争に対しても、人それぞれに多様な意見があるはずです。報道番組で、爆撃された街を逃げ惑うウクライナ人の親子を見たら、「やっぱりプーチンは酷い奴だ」とか「ウクライナの人たちがかわいそう」という気持ちが湧いてくるのもよくわかります。

ただし、自分とは違う意見を持っている人がいるのも受け入れるべきでしょう。

さらに言えば、複数の国の思惑が絡み合う戦争や国際紛争などの場合は、どちらかが悪で、どちらかが善という単純な構図で割り切れないことは、10代以上の人であれば知っておくべきだと思います。

少し話が逸れましたが、そもそも主観の世界に正しい答えはありません。

もちろん、人を脅す言葉や相手を傷付ける言葉を口にするのは避けるべきですが、そうでないなら、人それぞれに感じ方や考え方が違って当たり前。その人の意見として受け入れるべきだと思います。

でも、それを自分の中でどう消化するかはあなた次第です。

いったん「そういう考え方もあるんだな」と受け止めて、それを自分の考えに取り入れるかどうかを決めればいいのです。

中には、あなたに対して嫌なことや害のあることを言ってくる人もいるかもしれません。

そんなときは、その人の言うことを鵜呑みにしたり、素直に言うことを聞いたりする必要はありません。

もちろん真っ向から反論してもいいのですが、問題がこじれて面倒になりそうなら黙って聞き流すという方法もあります。

そういうときに「皆と仲よくしなければいけない」と思っている人は、誰の言うこともいちいち気になってしまうかもしれませんが、自分にとって害のある相手なら、「この人とは仲よくなる必要はない」と割り切る気持ちも必要です。

そしてその人の言うことは気にしないようにして、軽くスルーすればいいのです。

それも、自分自身のメンタルヘルスのためには必要な選択です。

人に好意を向ければ、好意を持たれる

さらに、一般的な友だち関係では自分から相手に「好意」を示すことが大切です。

心理学の法則に「好意の返報性」というものがあります。

人は誰かから何かを受け取ったとき、「同じものをお返ししないといけない」という気持ちが湧き上がることがわかっています。誰かに好意を示すと、相手も自分に同じレベルの好意を持つようになるのです。

ですから、誰かと仲よくなりたいと思ったときには、この「好意の返報性」をうまく使うのも一つの方法です。

日頃から笑顔で挨拶する、相手の話を興味深く聞く、相手が困っているようだったら相談に乗るなど、相手に親近感を持って接し、それが素直に伝われば、相手との関係性を深めることができると思います。

また誰に対しても、なるべく相手の「いい面」を探してみることが大事です。

どんな人にも、いい面もあれば悪い面もあります。でも、できるだけ相手のいい面に目を向けるようにすると、自然とその相手に好意を持つようになります。

当然、その好意は相手にも伝わるので、相手からも好意を持たれる可能性が高くなります。お互いに好意があれば、当たり前のことですが、両者の関係はさらによくなります。親友という大きな味方を得ることができるでしょう。

また、嬉しいと感じたときは素直にその感情を出した方がいいですね。喜びや嬉しさの感情を素直に表現する人は、周りからも好かれます。

やる前からダメと決めつけない

10代や20代の若い時期には特に予期不安が強く、「失敗したらどうしよう」などと悩んで行動できない人もいます。

予期不安というのは、これから起こるかもしれない「よくない事態」を過剰に心配して不安や恐怖に悩まされたり、悲観的な気持ちになってしまったりすることです。私たち日本人は他の民族に比べて、物ごとをつい悪い方向に捉えがちな傾向が強いと言われています。

でも、予期不安は実際には起こらないことがほとんどです。それよりも先々の不安によって萎縮してしまい、何も行動できないことの方が問題です。あまりに不安が大きくなると、どう対処していいかもわからなくなってしまいます。

人間関係にまつわる悩みもそうです。

「こんなことを言ったら嫌われるのではないか」「声をかけても無視されるのではないか」などと言う人がいますが、それはやってみないとわかりません。

あまりクヨクヨ考え過ぎず、まずは声をかけてみて、その結果を見てから次の行動を決めればいいのです。とにかく相手と話をしてみなければ、相手に受け入れられることはありません。

そして若い時期こそ、いろいろ試してみて人との関わり方を学ぶチャンスです。もし自分が友だちを怒らせてしまったら、なぜうまくいかなかったのかを考えればいいのです。自分は何を言ったか、どう言ったのかを分析して、「こんな言い方をしたら人を怒らせるんだ」と学んだら、それを繰り返さないようにすればいい。

重要なことは、失敗から学ぶことです。いえ、学べるのであれば、それは失敗ではなく、貴重な経験です。ときには手痛い失敗を経験することで、過度に失敗を恐れることもなくなっていくはずです。

特に人間関係というのは、実際に相手と交流してみなければわからないことが多々ありますから、失敗するかもしれないから試さないという考え方では何も変わりません。「案ずるより産むが易《やす》し」です。あまり深く悩みすぎず、まずは少しずつ行動してみるという姿勢を持ちましょう。

とにかく一番よくないのは、何かやる前から「どうせうまくいかない」「自分なんてダメに決まっている」と先走った答えを出してしまうことです。

成功体験も失敗体験も、あなたの人間関係をよりよくしていくための機会だと考えれば、こんな言葉で諦めてしまうのは本当にもったいないと思いませんか。

精神科医として言わせていただくと、カウンセリングや心療内科に来る人の悩みのほとんどは人間関係に起因したものです。

つまり、人間関係や友だちとの関係で悩んでいる人は、あなた以外にもたくさんいるということです。

日頃から人間関係に悩んでいる人は、「自分はコミュニケーション能力が低いから何をしてもダメだ」と先回りして暗くなってしまっている可能性があります。

でも、あなただけではなく、皆が不安なのです。

自分だけがコミュニケーション能力が低いとか、コミュ障ではないかなどと思い悩む必要はまったくないし、「悩んでいるのは自分だけじゃない」とわかれば、少しは気持ちも楽になるのではないでしょうか。

「腹を割って話せる友だちが欲しい」とか「誰かに自分の気持ちをわかってほしい」

と感じているのは皆同じ。あなたが本音で話したら、それを嬉しいと感じる人もいるかもしれないのです。

学校やクラス以外にも世界はある

また、１人の人とうまくいかなくても、気の合う人もいれば合わない人もいるのですから、他の人とはうまくいくかもしれません。「どうせ自分はダメだ」と諦めず、他の人を探せばいいのです。

そして学校やクラスでうまくいかなかったら、他の場で探してみましょう。

私も、私の娘もそうでしたが、学校ではなく、進学塾など別の場所で気の合う人を見つけられることもあります。

またクラスが変わったり、中学から高校へ進学したりすることで人間関係がガラッと変わると、自分と合う人を探しやすくなることもあります。

私自身は小学校では気の合う友だちがいませんでしたが、私立灘中学に入ったら変わり者同士の仲間が数人できて、彼らとは今でも仲よく付き合っています。

そのうちの1人が前に紹介した中田考というイスラム法学者ですが、彼は私などよりずっと変わっています。それまでの私も変わり者扱いされていたけれども、中学に行ってみたら、はるかにレベルが上の変わり者がいたというわけです。


ですから、今の人間関係に不安を感じている人は、今の環境とは違う価値観を持つ世界を探してみることをすすめます。

今のクラスで大きな意味を持つ価値観も、他の場所に行けばまったく意味をなさないこともあります。

学生時代はなかなか自分の意思で環境を選べないこともありますが、習いごとや塾、趣味の集まりなど、できるだけ学校以外の場所を探してみましょう。

とにかく、学校やクラスだけが世界の中心だと思わないことです。他の環境に行けば他の文化があり、違った価値観があるのです。

さらに、今は幸いなことにネットなどで広く交流できるようになっています。

当然のことですが、共通の趣味を持つ人の集まりでは話が合う人が多いはずです。そういう場所で気の合う友人を探してみるのも一つの方法でしょう。

スマホ依存やネットいじめなどのリスクもありますから、若い層にＳＮＳなどを全面的におすすめしたいわけではありませんが、リアルな人間関係の中で本音を言い合える友だちを見つけられないのであれば、こうしたものを使ってみるのも悪くはないと思います。

遠い地方の人や海外に住む人と交流したり、いろいろな情報や考え方に接したりすることもできますから、コミュニケーションツールとしては優れています。これまでになかった視点や考え方、意見を知って、自分の世界を広げることもできるかもしれません。

また、オンラインでもリアルでも、興味や関心があるイベントや講演に参加してみるのもいいかもしれません。

とにかくあなたの今いる場所が、世界のすべてではないのです。そこでうまくいかないのなら、別の世界を探してでも、本音を話せる人を探すことです。

辛かったら人に頼る

この章では主に親友について語ってきましたが、もしそういう友だちがいないなら、本音を打ち明ける相手は他の人でもいいと思います。

たとえば、塾の先生や習いごとの指導者、保健室の先生でもいい。何より大事なのは、辛いと感じたときに１人で抱え込まず、誰かに話を聞いてもらうことです。

10代であれば、学校に生徒の心理的なサポートを担うスクールカウンセラーが配置されていることも多いので、こうした人に相談してみるのもいいでしょう。

カウンセラーというのは話を聞くプロですから、あなたの話を冷静に聞いてくれて、どうしたら気持ちが楽になるかという相談に乗ってくれるはずです。

プロに話を聞いてもらうことで、自分の頭の中も整理され、自分がモヤモヤしていたことの原因が見えてくることもあります。誰かに自分の気持ちを説明することで、「あれ？　なんでこんなことで悩んでいたのかな」「もしかしたら何とかなるかも」などと気づくこともあるかもしれません。

それに、スクールカウンセラーに相談していれば、その後本当に辛くなったときに学校を休みやすくなるというメリットもあります。

また、現実にいじめや暴力、恐喝、性的嫌がらせなどの犯罪行為が起きているときには、適切な機関への相談など対策を講じてくれるはずです。

なお、カウンセラーには守秘義務がありますので、他の人に言ってほしくないと伝えれば秘密は守ってくれます。

前にも触れたように、残念ながら日本ではカウンセリングを受ける人が少ないけれども、あなたの話をじっくり聞いてくれる人がいるだけで、少しは気持ちが晴れるはずです。私は学校でも「いじめられたり、何か悩みがあったらすぐにスクールカウンセラーへ」という習慣がもっと定着すればいいと思っています。

スクールカウンセラーに距離感を感じてしまうのであれば、今は保健室登校も定着して許されていますから、保健室を居場所にして勉強をするという方法もあります。その際は、保健の先生でもいいので、誰かに自分の本心を吐き出すことです。家でも学校でも、とにかく「人に打ち明けてみて、心が楽になった」という体験をしてほしいのです。

日曜の夜が辛くてたまらないなら

また、学校のことを考えるとお腹が痛くなるとか、動悸が激しくなるとか、友だちのことを考えると気が重くなるなど、日常生活で何らかの苦しみを感じているときには、必ず原因があります。そういうときはそのままにしておかないで、スクールカウンセラーや心療内科など、専門家に相談してみることをおすすめします。

病院に行くかどうかは迷うと思いますが、もっとも重要なことは、自分が苦しいかどうかです。苦しいと感じているなら、迷わずプロに頼るべきです。

前に触れた「9月1日症候群」も、アニメのサザエさん（日曜日夕方放送されている）の主題歌を聴くと憂鬱になってしまう「サザエさん症候群」も、適応障害という病気の前段階です。

適応障害は自分の置かれた環境に適応できないことがストレスの原因となって発症する病気ですから、「別に適応しなくていい」と思えるようになることが大事です。そういうときは、一般的にはストレスを感じる場所や環境から離れるようにアドバイスします。

ですから、もしもあなたが日曜の夜が辛くてたまらないのであれば、しばらく生活環境を変えるといいのですが、気になったら、まずは専門家に相談してみることをおすすめします。

先ほどのような症状の他に、学校に行こうとすると吐き気がする、体が動きづらくなるなども適応障害の前触れですから、医師に相談すれば、「学校を休む必要がある」という診断書を書いてくれます。

死にたいと思うほど追い詰められているなら、絶対に無理をして学校に行くことなどありません。学校よりも命の方がずっと大事なのです。

きちんと理由をつけて学校をお休みして、少し距離をおいてメンタルを休めてください。


孤独感を感じている人は、なかなか自分から何か行動を起こす気にはなれないかもしれません。

でも、何度かお話ししたように、さびしさというのはエスカレートしやすい感情です。

さらにひどくなってしまう前に、ちょっとでもいいから、誰かに打ち明けてみてほしいのです。

第4章

ありのままの自分で生きていく

今の自分で何ができるのか

カウンセリングに来る方の中には「もっと明るい性格になりたいけど、なれない」とか「自分を変えたいのに変われない」と悩んでいる人もいます。

でも、前にも触れたように、性格というのは短期間で大きく変わるものではありません。人にはもともとの性格があって、あの人には友だちが多いけど、自分には友だちが少ないとか、自分は他の人と比べて内気で人見知りをしやすいということもあります。やはり、それぞれの性格によって行動様式やコミュニケーションの違いが出てきます。

でも私は、性格は急に変わらないのなら、「変わらないなりの自分でやっていく」方がいいと思っています。

私が患者さんによく用いる治療法の一つに「森田療法」というものがあります。

森田療法というのはおよそ１００年前に確立された、精神科医・森田正馬《まさたけ》先生による精神療法ですが、その特徴を一言で言うなら、「悩みを持ったまま、あるがままに生きる」ということです。

人が生きていく上では不安を感じたり、悩みを抱えたりするのは自然なことです。そうしたネガティブな感情を無理になくそうとしても、急になくなるものではありません。むしろ「なくさなければいけない」と思えば思うほど、プレッシャーを感じて辛くなってきます。

だから無理やりなくそうとするのではなく、その悩みや不安を抱えながら生きていくための方法を考えるのが森田療法です。

対人恐怖やパニック障害、適応障害、うつ病、がん患者のメンタルケアなどにも有効とされています。

これはコロナと共存していく「ウィズコロナ」と同じ発想です。

コロナウイルスを完全にゼロにしようとしても無理なので、コロナがある中で生きるためにはどうしたらいいかを考える。

それと一緒で、友だちをつくるのが苦手な性格なら、その性格でどう生きていくかを考え、さびしさを抱えている人がいるなら、さびしさを抱えてどう生きていくかを考えるということです。


でも、その反対の指導をしている教師もいます。

中には生徒に「性格は変えられる」などと言う教師もいますが、本人の努力や指導者の技術によって改善していける勉強やスポーツとは違い、人から「変われ」と言われて、そう簡単に自分を変えられるものではありません。

こういうことを言う人は、本当に教師と言えるのだろうかと憤りを感じずにはいられません。


誤解を恐れずに言えば、むしろ私は「世の中には変えられないものもある」ということを教えておいた方がいいと思っています。

「親ガチャ」という言葉がありますが、貧困家庭や問題のある家庭に生まれた子どもは、残念ながらそのこと自体を変えることはできません。自分の運命を呪っても、親を恨んでいても、そのままでは何も変わらないのです。

でも、できることもあります。ですから、その運命の範囲内で今の自分に何ができるかを考える方が有益です。

自分では変えられない環境の中で、どう生きていけばいいのか。今の自分に何かできるものはないか。そうしたことを教えるのが、教育者の本来の務めではないかと思うのです。

性格についても同じです。内気な性格で、人と話すのが苦手だという生徒がいたら、その生徒の人格を無理やり明るく外向的に変えようとするのではなく、たとえば得意なプログラミングで食べていくことを教えるなど、その子に何ができるかを一緒に考えることの方が重要です。

もちろん、性格も時間をかければ少しは変わっていきますし、特にコミニケーションスキルや話す技術などはある程度トレーニングで伸ばすこともできる可能性があります。

なるべく前向きに物事を捉えるポジティブシンキングも、意識して習慣化していくうちにできるようになる人もいます。物事の見方を変えることで、うつ症状を出にくくする認知療法もあります。

このように、ある種のトレーニングによって行動を少しずつ変えていける人はいますが、皆ができるわけではありませんし、病理の深い人には逆効果になってしまうこともあります。


だから私は、その人の苦手な部分ではなく他の部分を磨いていけばいい、そして自分に自信をつけたらいいと思っているのです。

たとえば、不幸にも事故で両足が切断されることになったとき、「もう自分の人生は終わりだ」と諦めずに、使える腕をトレーニングしてその能力を極限まで伸ばし、パラリンピックの選手になる人がいます。

障害をカバーするという考え方ではなく、残存能力を伸ばすという考え方です。できないことを何とかしようとするのはほぼ不可能なことですが、自分が持っているものや、自分が得意なものを伸ばしていくことはできるのです。

人というのは、どうしてもパーフェクトな自分を求めがちです。勉強もできて、運動もできて、性格もよくて友だちも多い自分。親からも先生からも褒められて、たくさんの友だちから好かれる自分。それが理想的な姿かもしれませんが、そんなに完ぺきな人はいません。

もちろん努力して到達できるものがあるなら頑張る価値はあると思いますが、何でも完全にできる人などいないのです。

常に他人からの評価が気になる人の中にはこうした完ぺき主義の人も多いのですが、理想を求め過ぎると過度に失敗を恐れるようになり、生きていくのが辛くなってしまいます。

まずは今の自分を大切にして、できることを最大に活かすという考えの方が、より生きやすいはずです。

できることがあると自信につながっていく

それに人付き合いが苦手という人は、単純にそういう才能にはあまり恵まれていないということでしょう。厳しい言い方になるかもしれませんが、そこは冷静に受け入れた方がいいと思います。

私自身も小学生の頃からそれを受け入れていました。自分と弟との違いを痛感していたからです。

父親の仕事の関係で6回も転校したという話はすでにしましたが、弟は4回転校しています。当時の私はどこの学校に行ってもいじめられ、仲間はずれにされていたのに、弟はどこの学校に行ってもスムーズに適応していました。それを見て、「俺にはこういう才能はないんだな」としみじみ感じたのです。

実際、子どもの頃の私は場の空気が読めず、同級生に思ったことをストレートに口に出しては怒りを買っていましたし、上級生や教師にも平気で突っかかっていました。集団行動やスポーツも苦手でしたから、皆に仲間はずれにされるのもある意味では当然だったかもしれません。

ただ、私の場合はたまたま学校の成績がよく、親もそこを認めてくれていたのでそれほど劣等感はありませんでした。自分は勉強で勝っていると思えたから、仲間はずれにされてもそれほど気にならなかったのです。

それは私の娘も同じでした。

彼女も小学校では仲のよい友だちができずに毎日暗い顔をしていたのですが、塾に行ったら気の合う仲間ができて、勉強もできるようになってくると、表情がだんだん明るくなってきました。すると、行動も前向きに変わってきたのです。

受験をして進んだ中学では仲のよい友だちもでき、学校生活を楽しんでいました。また高校ではアメリカに留学するなど、自分から広い世界に飛び出して、新しい価値観を手に入れたようです。

自分は何かで人より勝っていると思えば劣等感は減っていき、自分に対する自信も出てきます。それが原動力となって「やってみよう」という行動力につながっていくのです。

そして一つのことがうまくいき始めると、他もうまくいくことがあります。「勝つ体験」をしておくことで自信が出て、積極性につながっていくのです。

友だちをつくる才能だって、人の持つさまざまな才能のうちの一つです。たとえば「体操が得意」「絵を描くのがうまい」「勉強ができる」「暗記力が優れている」「作文がよく書ける」「歌が上手」「パソコンに詳しい」「虫に詳しい」など、人にはいろいろな得意分野・才能がありますが、どの才能が偉くて、どの才能がだめということはないはずです。

ですから、孤独感を抱えている人には「無理をして性格を変えようとするよりも、自分の取り柄や好きなことを探そう」と言いたいのです。

また、いつも大勢の友だちに囲まれている人は明るく華やかに見えるかもしれませんが、人間の魅力というのはそれだけではないのです。

友だちが少なくても、穏やかさや思いやりを持っている人かもしれません。また、今は周りに気の合う友だちがいないだけで、意外なユニークさや変わったアイデアを持っている人なのかもしれません。

友だちをつくるのがうまいとか、コミュニケーション能力が高いというのは個性の一つに過ぎないのです。その人にはその人の個性があり、あなたにはあなたの個性があります。

自分にはない他人の個性を過度に羨むより、「自分だけの個性」を磨いていく方がずっと重要です。他人に合わせなければいけないという考え方は、自分の個性を見えなくして自分自身を苦しめるだけなのです。

もしも今、周りの人と話が合わなくてつまらないと思うなら、「今は勉強に集中するとき」と割り切って、勉強を頑張るのもいいと思います。

中高生時代に努力して、よりレベルの高い進学先や、自分の学びたいことが学べる環境を選べば、自分と同じような価値観や志向を持った人と出会う可能性が高くなります。

大人になるとわかると思いますが、10代、20代の時間というのはとても貴重な時期です。この時期の数年間の努力が、その後の数十年間の人生を決めることもあるのです。何より「つまらないな」と思いながら、興味のない友だちの話に付き合っているなんて、本当にもったいないとは思いませんか。

すべての子どもが1位をとれる社会に

若い世代には皆と同じようになろうとする人も多いのですが、皆と同じもので勝負しようとすれば、当然、競争は激しくなります。

しかも、それが自分の苦手なものであれば、厳しい闘いになるでしょう。

そして、どんなに友だちを増やそうとしてもうまくいかなければ、「自分はダメな人間だ」と自信を失ってしまいます。周りの人との違いが気になって、より一層さびしさを抱えることになるのです。

それよりも、やはり自分の得意なことで勝負した方がいい。料理でも、野球でも、漫画収集でも、楽器演奏でも何でもいいのです。「このことだけは人に負けない」と思えるものがあれば、自分の中に自信が生まれます。

そして自信を持って好きなことに取り組んでいれば、自然と幸せな気分になってきます。そうした小さな幸せが大事なのです。

ですから、もしも自分の取り柄や得意なものがなければ、今から真剣に探したほうがいいと思います。

性格を無理に変えるよりも、自分の「これだけは負けない」を探すことです。それも本気で真剣に探すこと。

自分でよくわからなければ、稽古ごとを片端からやってみてもいいし、興味のあることは人を傷付けることや犯罪以外なら何でもやってみるべきです。

たとえば、藤井聡太君がもしも将棋に出合っていなければ、普通の秀才で終わっていたかもしれませんよね。私だって子どもの頃にピアノに出合っていたら、ひょっとしたらすごいピアニストになっていたかもしれません。

やはり人は好きなことをやっていると元気が出るし、自分の得意なもので生きていった方がずっと楽しいはずです。

今の学校では、子どもを傷つけないためという名目で「競争」が排除されていますが、それなら、学校の教師はクラスの中でいろいろなタイプの競争を用意すればいいのです。

家庭科の時間に料理をつくるのがうまかった人を料理名人として称えるとか、作文の上手な人を称える、などです。

他にも、字がきれいだとか、司会が上手だとか、ダジャレの天才とか、跳び箱名人とか、読書量が一番だとか、動物や植物の世話が上手とか、質問力が素晴らしいとか、歴史オタクとか、クイズ名人とか、宇宙オタクとか、掃除が丁寧だとか、パソコンオタクとか、とにかく何でもいいのです。

運動や勉強以外にもたくさんの競争のベクトルをつくってあげて、誰かがどこかで光り輝けるようにするのです。

勉強ができる人も、運動ができる人も、絵が上手な人も、鉄道オタクも、アニメオタクも、料理の得意な人も、すべての子どもが何かで1位を取れるように競争のベクトルを用意してあげるのが、教師の本来の仕事なのではないかと思っています。

そもそも、競争をなくして公平に生徒を育てようというのはきれいごとに過ぎません。一つの競争を排除すれば、必ず別の競争が生まれます。人間というのは基本的に他の人に勝ちたいと思う生き物だし、子ども時代はなおさらです。

それなのに、人と競い合うベクトルが友だちの数だけという世界では、子どもが苦しくなってしまうのは当然です。

時々、「小学生のうちから塾に行かせるなんてかわいそう」と言う大人がいますが、友だちの数ではなくて成績で競争できる塾の方がむしろホッとする、という子どもも意外に多いのです。子どもに勉強させるのが気の毒だというのは、大人の勝手な思い込みです。

もちろん勉強が嫌いな子どももいますから、そういう子が無理やり塾に行かされたら大変だとは思いますが、少なくとも勉強や運動というのは努力すれば一定の成果が出るものです。人付き合いが苦手な人が友だちをたくさんつくれと言われる方がずっと大変なはずです。

私は、大人は子どもに世の中には多様な選択肢や生き方があることを教えてあげるべきだと思っています。

大事なのは偏差値だけでもないし、友だちの数だけでもない。それぞれが得意なものを見つけて、それを伸ばしていくことです。

特にこれからの時代は何が正解なのか、どんな職業が残っていくかわかりません。ゲームオタクだった子どもが将来、ヒットを連発するゲームクリエイターになって、世界のゲーム市場を席巻するような大企業をつくる可能性だってあります。

だから教師は、子どもが努力したら報われるようなもので競争のベクトルをたくさん用意し、1人ひとりの強みを伸ばしていく。教育にはそういう配慮が必要です。

自分の欠点より長所を見よう

教師だけではありません。どんな人も、自分の欠点に注目して落ち込むのではなくて長所を探して伸ばすという考え方をしてほしいと思っています。

そういう話をすると、決まって「自分にはいいところなんてない」と言う人がいますが、そんなことはありません。どんな人にも長所はあります。

自分ではすぐに気づかないかもしれないけれど、周りの友だちやきょうだいとよく比べてみてください。

「自分の方が、誰も考えないような突飛なアイデアを思いつく」とか「自分の方が人を笑わせるのがうまい」「細かいところによく気がつく」「犬に好かれやすい」「とことんバカになれる」「面の皮が人より厚い」など、あなたにしかないよさが必ずあるはずです。

成績のよさやスポーツの実績などの見えやすい長所に惑わされると、自分は何でも負けているように感じてしまうかもしれませんが、どんな人でも、他の人より優れているものは何かしらあります。

人より優っている取り柄はどこなのか。自分だけにしかないユニークな点は何か。これから自分が伸ばしていきたいのはどんな部分なのか、よく考えてみましょう。そして、それを大事にすることです。

特に、自分は他の人よりコミュニケーションが苦手とか変わり者かもしれないという自己認識を持っているなら、自分はどうやって生きていくか、どんな仕事を選ぶかということを、真剣に考えておいた方がいいと思います。そのためには、若い頃に自分の強みを探して伸ばしておくことです。

朝食に50ドルを払う理由

ただし、今の日本では、求められている才能の種類が少ないことがとても気になっています。勉強の才能、スポーツの才能、芸術の才能、人付き合いの才能など、決まりきったものだけが社会に求められている印象があります。

そのため、子どもの方も自分は勉強ができないからダメだとか、人付き合いが苦手だからダメだと、自分の可能性の幅を狭く捉えてしまっているようです。

でも、ひょっとしたら、ケーキをつくらせてみたら天才という人もいるかもしれません。人には何の才能があるかわからないのだから、とりあえず興味のあることは何でもやってみた方がいいと思います。

私は今までテレビやラジオの収録や対談などで、成功されている方にたくさんお会いしてきましたが、彼らの多くは学生時代にたくさんのアルバイトをしていました。アルバイトの中のさまざまな経験を通して、これは自分には向くかもしれないと気づき、伸ばしてきたものもあるのでしょう。

そういえば、私は以前、ニューヨークで〝達人〟の焼いた目玉焼きを食べてびっくりしたことがあります。

日本で高級ホテルに泊まって朝食を食べても、あまり美味しい目玉焼きに出合えたことがありません。なぜかというと、たいていシェフ見習いに目玉焼きを焼かせているからです。

ニューヨークに行ったとき、ミシュランの2つ星（当時は3つ星）レストラン「ジャン・ジョルジュ」本店の朝食が素晴らしいと聞いて、食べに行ってみたのです。この朝食は、レストラン格付けガイドブックのザガットサーベイでも、何十年もニューヨーク第1位を獲得していました。

実際に、評判通りとても美味しい目玉焼きが出てきました。

なぜ美味しいのかというと、そこには目玉焼きの達人がいるからだそうです。ディナー部門の見習いシェフではなく、朝食部門のトップが焼いている。つまり、「朝食の目玉焼き」を得意としている人がつくっているから美味しいのです。

たかが目玉焼きと思うのか、されど目玉焼きと思うのか。

でもこの目玉焼きが逸品だからこそ、多くの人がわざわざ50ドルも払って朝ご飯を食べに来るわけです。


こういう出合いがあると、やはりアメリカというのは何か取り柄がある人にとって生きやすい国だと思わざるを得ません。

たとえば、アメリカのベビーシッターの平均時給は20ドルほどといわれていますが、以前聞いた話では、すご腕ベビーシッターと呼ばれる人の時給は１００ドル以上でした。

最近では、日本の寿司職人がアメリカで数千万円もの年収を得ているなどの情報もよく報道されていますよね。

アメリカの社会では才能を認められた人にはケタ違いの報酬が支払われることがありますが、その才能のバリエーションが多岐にわたっていることに驚かされます。

また日本の学校では出る杭は打たれやすい傾向がありますが、アメリカの場合は、才能に恵まれた子どもにも、学習障害などを持つ子どもにも、不得意なことよりも得意なことに注目してその才能を伸ばすための教育プログラムが用意されています。

これからは正解がわからない時代ですから、日本でもその人の得意なものを伸ばして、お互いが生きやすい社会にしていく必要があると思うのです。

「個性を大切にしなさい」というけれど

私が日本の学校で矛盾していると思うのは、「個性を大切にしなさい」などといいながら、皆と同じようにできない人を「協調性がない」と言って、皆と一緒になるように指導することです。

それぞれが個性を出しながら皆とうまく合わせるというのは、よほどバランス感覚の優れている人でなければできませんし、10代にそれを要求するのは非常にハードルの高いことです。

本当に子どもの個性を伸ばしたいなら、むしろ「皆と同じでなくていいんだよ」と言ってあげないといけないのです。

今、社会では多様性が尊重されるようになりました。

特にＬＧＢＴＱの人々への理解も、以前に比べれば大きく変化しています。それぞれの特性や個性を認めようという方向へ大きく変わっているわけです。

でも、学校の価値観は相変わらず、生徒の個性や違いよりも集団生活や規律を重んじる傾向にあります。勉強の進み具合も、勉強の中身も、生徒の行動も、制服などの見た目も、生徒は「皆と一緒に」を求められるのです。

そうした学校で、一日のうちの多くの時間を過ごす生徒たちは、自分の個性を主張するよりも、無難に周りに合わせることを考えるようになってしまっても不思議ではありません。

前にも少し触れましたが、今の小中学校で取り入れられ、２０２２年度からは高校でも取り入れられている「観点別評価」も問題です。

これによって、調査書（内申書）ではペーパーテストの点数だけでなく、生徒の「関心・意欲・態度」などを教師が判断するようになりました。

たとえ試験でいつもよい点数をとっている生徒でも、教師に「授業態度が悪い」とか「学習意欲が低い」などとみなされると、かなり低い点数が付いてしまうのです。その反対に「授業に積極的だ」とみなされれば高い点数がつけられるわけですから、教師ウケのいいことを言える生徒が高く評価される可能性があります。

しかし、それは教師の主観に過ぎません。先生と生徒にも相性がありますから、生徒の方が、どうしてもこの先生の言っていることには納得できないという態度になることもあるはずです。

そもそも、ペーパーテストの点数の割合より教師の主観の方が優先されるというのがおかしな話です。高い点数をとっていても、先生から「意欲や態度に問題がある」とみなされたら、低い成績をつけられてしまうのですが、テストの点が高い生徒なら、勉強への意欲があると捉えるのが一般的ではないでしょうか。

こうした評価方法では、生徒としては、やはり教師からどう見られるか、内申書にどう書かれるかが最重要問題になってきます。高校入試でも、推薦入試やＡＯ入試でも、「上の人からどう見られるか」という要素が大きくなり過ぎてしまうのです。

実際、中学校へ観点別評価を導入した後、中学での校内暴力、生徒間暴力、不登校などが激増した時期がありました。生徒がいつも教師に監視されているというストレスを感じたことが原因ではないかと言われています。

私は、こうしたことが極まれば、力のある教師や声の大きな教師に忖度できる生徒ばかりが高い学歴を勝ち取る社会になることもあると危惧しています。

たとえば、今は大学医学部の入学試験で面接が導入されています。

文科省の方針に従って、２０１８年には東京大学の理科三類まで入試面接が取り入れられました。それまでは、友だちが少なくても学力がトップクラスという人にとって、いわば重要な逃げ道だった東京大学の理科三類までが面接で合否が決まるようになったのです。

私立も公立も含めて全国に82も大学医学部があるというのに、面接のないところは一つもありません。

ということは、極端なことを言うと、面接で「変わり者」の烙印を押されてしまった人はどんなに勉強ができても医師になれないということです。それこそダイバーシティの時代に反することです。

いや、もしかしたら中には「君は変わっていて面白い」ということで合格させてくれる大学もあるかもしれませんが、やはり入試を受ける生徒の側からすると、面接で主観的評価をされたら落とされてしまうかもしれないと不安になる人も多いはずです。

変わり者がノーベル賞をとるかもしれない

ただ、こういう話をすると、こう反論する人もいます。

「面接をしないと、勉強だけができて人間力のない人間が入学してきてしまう」

人とコミュニケーションを取れない医師や人の気持ちを推し量ることのできない医師など、「面接をしなければ変な人が入ってきてしまう」という説です。

でも私はこう言いたいのです。

変な人で何がいけないのですか、と。

変わり者でも、医学や科学の知見に優れていればいいのではないでしょうか。

もちろん医師の全員が人の話を聞けなければ困ってしまうけれど、中にはそういう人がいたっていい。

しかも、患者さんと直接向き合う臨床医であれば相手の気持ちを推し量ることやコミュニケーション能力は大事ですが、医学や分子生物学、ＤＮＡなどの研究者にとって、それらは最優先事項ではありません。

教授に合わせる能力の高い人や教授ウケのいい人よりも、優秀で専門分野を極められる人の方がいいはずです。

もしかしたら、将来はその変わり者がノーベル賞をとるかもしれません。

問題は、文科省や政府や大学関係者の中に「いや、変わり者がいてもいいじゃないですか」と言える人がいないことです。これが今の日本社会の致命的な欠陥だと思います。

しかも、日本の医学部の入学試験だと、教授が面接官を務めます。そうなると、どうしても教授ウケのいい人が合格することになります。

実際に教授が面接をするようになってから、教授に逆らいそうな人は大学に入りづらくなり、学生運動は消滅しましたし、医師の世界では上が言ったことには逆らってはいけないというヒエラルキーが強くなっています。

海外では違います。アメリカのハーバード大学でも、イギリスのオックスフォード大学でも面接試験はありますが、教授には面接をさせず、アドミッションオフィス（入学事務局）の面接官が担当しています。

そして面接担当者は、むしろ教授とは違う考え方や技能を持っている人を積極的に採用すると言われています。

教授ウケのいい人ではなく、教授に逆らいそうな生徒を積極的に合格させるのは「教授にケンカを売れるくらい知識と精神力がある」と評価しているからです。

その背景には、欧米では一風変わった人こそが画期的なアイデアを思いつき、技術を革新し、社会を前進させてきたという考え方があります。

確かに、教授に忖度するような生徒ばかりの大学では、画期的な発見や技術革新などは起こり得ませんよね。

大学のような高等教育の現場では、当たり前とされている常識を覆す発想が大切ですから、教授と議論を交わしてケンカできる生徒の方が大学に歓迎されるというのもよくわかります。

日本人はちょっとでも変わった人と言われるのを嫌がりますが、社会の進化には、変わった人が欠かせないのです。

「自分らしさ」の核

私は、子ども時代の大きな仕事は「自分らしさ」の核を身に付けることだと思っています。ですから今、周りから「変わっている」とか「皆に合わせられない」と言われたからと言って、あなたがそれをネガティブに捉える必要はありません。

10代や20代というのは「これから自分はどんな大人になりたいのか」を模索している最中です。そんな時期に「性格が合わない人にも何とか合わせよう」とか「苦手な仕事だけど、有名企業だから我慢しよう」という生き方をしていたら、自分らしさなんて見つかるはずがありません。

たとえば何か違う気がしてもとりあえず周りに合わせて「そうだね」と同調するということは、自分の気持ちにウソをつくということです。「私はこう思う」「私はこうしたい」という自分の欲求や感覚を殺しているということです。

それを続けていると、自分が自分の感覚や欲求を信じることができなくなり、何をしていても不安になってしまいます。

また自分の欲求や感覚を殺して生きている限り、生きていることが味気なく、辛いものになってしまう可能性があります。孤独や孤立を恐れてその場に合わせる生き方を選び続ける限り窮屈で、むしろさびしさは消えないままです。

それに、人と意見が違うのはごく当たり前のことです。多少、意見が食い違ったとしても、あなたの人格や存在意義が否定されるわけじゃありません。

数あるコミュニケーション能力のうち、若い頃に学ぶべきなのは、周りの空気を読んで自分の感覚や欲求を押し殺すことより、自分の考えや気持ちをうまく人に伝える力です。そのための練習をする時期です。

あなたの意見や考えと合わない人からは批判されるかもしれませんが、それをいいと思ってくれる人は、あなたの大きな味方になってくれるはずです。

その人こそ、あなたの一生の宝になるのです。

また、もしもあなた自身が「こんな自分は嫌だから、変わりたい」と思っているとしたら、社会に出て荒波に揉まれているうちに、自然と変わりたい方向へ変わっていくと思います。そのことについては、次の章で詳しくお話しします。

母の言葉で「仲間はずれ上等」と思えるように

何度か書いているように、私もかつてはいじめられっ子でした。

子どもの頃の私は、もともと人とのコミュニケーションの取り方が下手で、周りの子とうまく馴染めない上に転校も多く、ゼロから人間関係を築いていくのが本当に苦手でした。

小学2年生で大阪から東京へ転校したときには「大阪弁が変だ」といじめられ、4年生で大阪に戻ったときには、「東京の言葉なんか使って気取ってやがる」といじめられました。

いじめられると自信もなくなってきて、「自分はどこにも受け入れられない」という疎外感を抱きがちになります。

でも、そんな私を救ったのは、前にも書いたように、母の言葉でした。

我が子がいじめられているのを知って、母はこう言ったのです。

「おまえを仲間はずれにする方がアホなんや」

「勉強で一番になれ。そうしたら仲間はずれにした人にも将来勝てる」

そう言って、私を励ましました。そんな強気な母親がいたから、当時の私は「仲間はずれ、上等だ。見返してやる」と心から思えたのです。

そして、今の私は曲がりなりにも精神科医として自分の考えを発信しながら生きているわけです。

ただし、母は私の性格についてもよくわかっていました。

そのため、私には何度も「お前の性格では普通のサラリーマンは務まらないだろうから、医者や弁護士のように資格をとった方がいい」と言っていました。

母は周りと協調できない私の性格を見抜いていたけれども、決してそれを否定するのではなく、単に「この子はそういう性格なのだ」と受け入れていたのです。そして「その性格でも食べていける方法を考えなさい」と私に言い続けたのです。

人と違うからダメなのではないし、いじめられているから悪いわけでもない。単に人と合わせるのが苦手な性格というだけ、と親が淡々と受け止めていると、子どもの方も気が楽になります。

やはり、その子のありのままの人格を認めた上で「では、どう生きていけるかを考えよう」と言ってあげるのが、本来の大人の役割ではないでしょうか。

それに、孤独な時期があっても、環境が変わればあっさり友だちができることもあります。

私は中学以降もいじめを受けましたが、そのうち変わり者の友人がポツポツでき始めて、徐々に「どう言ったら相手にうまく伝わるか」「どうしたらお互いに楽しくやれるか」を学べるようになっていきました。

友だち付き合いには、タイミングや運もあります。

大事なことは、気兼ねなく話せる１人や２人の友人がいればそれで十分だと思うことです。

たくさん求めようとすると、本当に大事な友だちを見失ってしまいます。

何より、自分はどう生きたいのかをこの時期にしっかり考えることが大事です。

第5章

人も社会も変わっていく

性格は自然に変わっていく

若い人の中には、自分も社会もずっと変わらないと思い込んでいる人がいます。でも、あなたも、周りの人も、そして社会も必ず変わっていきます。最後の章ではそのことをお話ししたいと思います。

まず前提として、誰にも、うまくいくときとうまくいかないときがありますから、今がダメでもずっとダメとは限らないということを知っておいてほしいと思います。今が孤独でも、環境が変われば気の合う人が見つかることもあるのです。

それに、前に私は人の性格は変わらないと書きましたが、厳密に言うと正しくありません。人間は短期間で人為的に性格を変えられるわけではないけれども、長期間の経験を通して少しずつ自然に変わっていくものです。

たとえば、私も精神科医としての経験を積むうちに、問題を抱えている人の話をよく聞いて相手の気持ちを考えるようになりました。子どもの頃はできなかったことが今ではできるようになっています。

大切なことは、「たくさん経験する」ということです。

人と接する経験をする中で、最初は自分の言動でひんしゅくを買ったり、相手を怒らせたりすることもあるかもしれませんが、「こういう言い方をすると嫌われる」と学ぶことで言動も変わっていきます。

また、自分の言ったことが思わぬ賛同を得るかもしれませんし、それをきっかけに人と仲よくなることもあります。

反対に、たとえ誰かに嫌われたとしても「嫌われても、案外気にならないものだな」と思うかもしれません。それまでは誰にも嫌われたくないと思って必死に取り繕ってきたけれども、自分の言いたいことを言った方がすっきりした、ということもあり得るのです。

とにかく自分なりに考えて行動してみることで、周囲から何かしらの反応が返ってきます。それによって自分の言動も変わってきます。そうしたことを繰り返しているうちに、人の性格も徐々に変わっていく。そういうことがあるのです。

前述のアドラーは、人はものの見方を変えることができれば、性格は死ぬ直前まで変えることができると述べています。

私自身も、自分を信じることができるようになれば性格は変えていくことができると信じています。まずは今の自分でどう生きていくかを考え、今の自分のいいところを伸ばしていくことが大事だと思うのです。

なぜコミュニケーションスキルを学ぶのか

でも、日本の社会というのは、子ども時代から完ぺきさを求めがちな傾向があります。

先ほどのように、日本の大学の医学部ではコミニケーションスキルの低い人を入試面接の段階で落としてしまいますが、本来であれば、医学部に通う6年間と研修医の2年間の計8年間を通して、コミニケーションスキルを磨いていけばいいという話です。

8年間の医学教育を受ける中で、師匠から医師としての心構えや覚悟について教わり、実際に現場に出て患者さんの生き死にを見守り、ときには自分の経験不足を痛感したり、不甲斐《ふがい》ない思いを経験したりしながら、医師としてのスキルと同時に人間性を磨いていくのです。

そもそも、たった18歳や19歳の人に完ぺきな人間性や高いコミュニケーション能力を求める方がおかしいでしょう。まだ経験が足りなくてできないことがあるなら、単にやり方を教えてトレーニングすればいいのです。

たとえば、アメリカやイギリス、カナダなどの学校ではＳＥＬ（Social Emotional Learning：社会性と情動の教育）という教育プログラムが行われています。

これは、自分の感情のコントロールや対人関係能力などを学ぶプログラムです。

怒りや劣等感などを自分の中で整理するアンガーマネジメントをはじめとして、自分の感情を抑える方法や人の話の聞き方や伝え方を教わり、共感する力を育てるトレーニングを行っています。子どものＥＱ（心の知能指数）を伸ばすための試みが、公立校でも私立校でも広く取り入れられているのです。

この教育プログラムが始まったきっかけは、やはり勉強ができてハーバード大学のような難関校に入るような人でも、共感する力が低いと社会に出てから成功しにくいということが問題視されていたからです。

共感する力やコミュニケーション能力を一つのスキルとして捉え、トレーニングすることが必要だと考えられているのです。

でも日本では、そうしたスキルもやり方も教えないまま、コミュニケーション能力の低い人に「人間性に難あり」というレッテルを貼ってはじき飛ばしてしまいます。18歳のときのコミュニケーション能力が劣っているのは当たり前なのに、教育もせずに、その人格を否定するだけなのです。

さらに、英語圏の幼稚園や小学校では、子どもに人前で発表させたりプレゼンテーションをさせたりしていますが、子どもはそれによって人前で話す技術を学ぶだけでなく、「他の人と違うことを発表しても批判されない」ことを学んでいきます。そこではちょっと変わったことを言っても咎められることはなく、むしろ「君はユニークな考えを持っているね」とか「面白い人だね」と言ってもらえるのです。

日本ではこうした教育もないため多くの人が人前で話すことに慣れていませんし、自分だけが他の人と違うことを言うのを過剰に恐れるようになってしまいます。

そもそも、日本人はどこかで自分たちには共感力があると思い込んでいるので、そのスキルを教えるとか鍛えるという発想がありません。

「人の気持ちなんて、言わなくてもわかるでしょう」という考え方が世の中に蔓延しています。

たとえば「飲み物をください」と言われなくても、相手が暑そうにしていたらお茶を差し出すのが日本の文化です。そこで出さないと「気が利かない」と言われてしまうこともあります。

ところが他の国では、暑いからといって相手が何も言わないのに飲み物を出すことは一般的ではありません。

相手に「何か飲み物をください」と言われたら、そこで初めて飲み物を出すのです。それは、気が利かないわけでも、冷たいわけでもなく、相手の気持ちを勝手に斟酌《しんしゃく》（相手の心情を汲み取って気を遣うこと）せず、相手が言うことをそのまま受け取っているだけです。

ですから、何か飲みたいと思ったときには、相手に「飲み物が欲しい」と伝える必要があります。それを誰に対してもきちんと伝えられるようにするのが、コミュニケーションスキルを学ぶ目的なのです。

それに対して、「言われなくても相手の気持ちがわかるはず」という考え方は、自然と「他人の気持ちを忖度しなければならない」という同調圧力へつながっていきます。

でも、どんなに忖度しようと頑張っても、相手の気持ちを敏感に察することのできる人ばかりではありません。また現代は情報や選択肢が多様化していて、それぞれが別々の考えを持つ可能性も高くなっていますから、相手の意を汲むのは難しくなっています。

人の気持ちを読むことが強く求められているのに、そのスキルはきちんと教えられていないので、結局、多くの人が「皆と同じことをやるしかない」「皆が言っている通りに動けばいい」と考えるようになっても無理はないのです。

借金を返すために犯罪をする「真面目」な人たち

こうした忖度の背景にあるのは、周りの人を嫌な気持ちにさせてはいけないという配慮でしょう。

日本には昔から周りの人に嫌な思いをさせることを「恥ずかしい」と考える文化が

あります。そのため、何かするたびに周りに迷惑をかけているのではないかと人目が気になってしまうのです。

こんな例があります。

仮に、今あなたがどこかから借金をして、それを返しきれなくなったとしたら、どうしますか？

親戚や友人からお金を借りる、自己破産を申請する、すべて投げ出して夜逃げをする、などが思いつきそうですが、実は借金を返せなくなったときに自殺を考える人もいれば、殺人や強盗、詐欺などの犯罪に手を染める人もいます。

借金を返すために自死を選んだり、犯罪に手を染めたりするというのはおかしな話で「そんなはずないだろう」と思われるかもしれませんが、実際、数百万円の借金返済のために犯罪に手を染める人というのは意外と多いのです。

これもよく言われる「日本の常識は世界の非常識」の類でしょう。海外では、強盗や泥棒をする人の目的のほとんどは自分が楽をしたいとか、遊ぶお金やクスリを買うお金欲しさであって、借金を返すために泥棒や強盗をするというのは日本人ぐらいではないでしょうか。

でも少し考えてみれば、これがいかに愚かな話かすぐわかるはずです。たとえば強盗をして人を負傷させたら、無期または6年以上の懲役刑、死亡させたときは死刑または無期懲役刑になります。保険金殺人は死刑か、よくても無期懲役刑。

いずれにしても、その先にはかなり辛い人生が待っています。

極端な話、借金のために死んだり罪を犯したりするぐらいなら自己破産をしてしまった方がいいというのが世間の常識ですが、こういう人にとっては、人のお金を盗んではいけないとか人を殺してはいけないという道徳よりも、人に借りたお金を返さなければいけないという道徳の方が勝っているのです。

その真面目さと責任感の強さゆえに、物事の本質が見えなくなってしまうのでしょう。

こういう真面目な人ほど、どんなに困っていても「自分で何とかしよう」と我慢して人に助けを求められない傾向があります。助けを求めることに対して「人に迷惑をかける」という罪悪感を持っているからです。

それで周りの人に頼ることも、自治体に助けを求めることもできないと考えてしまうのです。

でも、1人で問題を抱え込んでいると状況はどんどんいき詰まっていき、心身ともに自分を追い込むことになります。

そして結果的に、こんな身勝手で本末転倒なことをしてしまうわけです。人に迷惑をかけたくないと言いながら、犯罪に手を染めたり、体や心を病んでしまったりしては元も子もありません。

この借金の話は極端な例かもしれませんが、精神科医の立場からすると、今の日本にはこのように真面目で人目を気にするあまり人に頼ることができずに苦しんでいる人がとても多いように思います。

この社会では真面目な人ほど辛くなってしまうのではないかと思うのです。

「お互いさま」を学ぶ

さびしさを感じているときもそうです。

人間関係でつまずきがちな人に共通するのが、人に甘えるのが苦手な傾向があるということです。真面目な人は「自分で何とかしなきゃ」「こんなことを人に言ってはいけない」と考えがちで、さびしさや辛さを1人で抱え込んでしまいます。

でも、そのままでは心身ともに自分を追い込んでしまいます。

人に助けを求めることは悪いことではないし、恥でもないのです。

苦しいときは人に迷惑をかけるなどと考えず、誰かに打ち明けてみてください。いき詰まったと思ったら、誰でもいいから頼れる人や窓口を探して「助けてください」と言えばいいのです。きっと受け止めてくれる人がいます。

「打たれ強い人」というのは、打たれても平気だという人ではありません。打たれたときに、すぐに誰かに頼れる人、自分が辛いときに人に打ち明けられる人です。それは弱さではなく、人生を生き抜くための力なのです。

それに、人に頼ったり、自分の辛さを打ち明けたり、人に弱みを見せたりする行為は、ある意味では人間関係を円滑にすることもあります。

辛い気持ちをひた隠しにして無理に笑顔をつくって周りと接しているよりも、正直に気持ちを話してくれた方が相手の共感を呼び、リラックスした人間関係が生まれる可能性もあります。

あなた自身も、友だちから何かを相談されたり辛い気持ちを打ち明けられたりしたら、「自分は頼られている」とか「自分が選ばれた」と感じて、むしろ自分を誇らしく感じるのではないでしょうか。

それに、皆お互いさまです。

誰かの助けを借りて辛い時期を乗り越えられたら、その経験はあなたにとって大きな糧《かて》になります。そして今度はその経験を活かして、自分が誰かのピンチを救う側に回ればいいのです。

社会はこうした「お互いさま」で成り立っています。

誰だって、いつもうまくいくわけではないし、いつでも強くいられるわけではありません。だから自分が辛いときには誰かに助けられ、誰かが辛いときには自分が助ける。人を助けたり、人から助けられたり、ときには誰かに迷惑をかけたり、かけられたりしていく中で、人は相手の気持ちを理解することを学び、お互いに信頼できるようになっていきます。

そうした人間同士の本音のやり取りを、10代や20代の若いうちに学んでほしいのです。

とにかく、何かあったら人に話してみることです。

いい意味でお互いに依存することが人間関係を豊かにし、人生を楽にします。

そして、人の目を気にしすぎないことも大事です。

人生の中では、１人になって孤独を感じる時期もあるかもしれませんが、そんなときにも「自分はだめな人間なんだ」なんて思い込まないことです。

AIが悩み相談にのってくれる日

最後にお伝えしたいのは、人だけでなく社会も必ず変わっていくということです。

最近では、日本の企業も変わってきています。テレワークや在宅勤務、時差出勤制度など、さまざまな勤務形態を用意していて、他者とのコミュニケーションは苦手だけれども仕事は優秀、という人もスムーズに働ける道が少しずつ増えてきています。

今後は、AI（人工知能）の進歩などによって、働き方や職種もさらに大きく変わっていくはずです。

それに、もしかしたら、AIが友だちとして相談に乗ってくれる日も来るかもしれません。

話題の大規模言語モデル「チャットGPT」などがもっと進化していくと、こちらが悩みを語りかけたら、それに対して適切な答えをしてくれる日が来るでしょう。

時々一緒に対談している堀江貴文さんに言わせると、人の偏ったものの見方を修正していく認知療法のようなカウンセリングであれば、ＡＩで十分代用できる、いやＡＩの方がむしろ優秀な可能性があるといいます。チャットＧＰＴが進化したら、今の精神科医や心理療法士よりも、まともなカウンセラーになる可能性があるというわけです。

実際、そうなのかもしれません。

今まで相当数の人の悩みや問題などがビッグデータとして蓄積されていますから、チャットＧＰＴがそれを学習して適切な答えを書いてくれるようになるまでに、それほど長い時間はかからないでしょう。

昨今のＡＩの進化速度を見ていると、たとえば1年とか2年、せいぜい3年くらいで、あなたが家に帰って悩みを吐露したら、ＡＩがこんなふうに優しく答えてくれるかもしれません。

「大丈夫、あなたは全然おかしくありませんよ。あなたが今悩んでいる問題は、他の多くの人も同じように悩んでいます」

希望は捨てなくていい

このように、将来的にはＡＩが悩み相談をしてくれるかもしれないとか、ＡＩが人間の友だちになるかもしれないと言うと、「それでは人間社会が崩壊する」などと大反対する人もいます。それはそんなに悪いことなのでしょうか。これはよくて、これはよくないというのは誰かが決めた価値観であって、絶対の正解はありませんよね。

それにＡＩが進化していけば、人間よりずっと上手に、心を傷つけないような励ましの言葉をかけてくれるかもしれません。

私は何も、人間よりＡＩの方がいいと言いたいわけではありません。

ＡＩが進化して人の悩みごとにも対応できるということは、人間のさびしさを紛らわせてくれるツールが一つ増えるということでもある、と言いたいのです。

たとえば、対戦型のオンラインゲームでさびしさを紛らわせる人もいれば、インターネットを通じて、自分と同じような変わり者を見つけて仲間をつくる人もいます。

それと同じように、ＡＩと話をすることで孤独感を紛らわせる人も出てくるはずです。

また、自分はこれからどう生きたらいいかと悩んだとき、チャットＧＰＴに「僕はコミュ障なんだけど、これからどうやって仕事をしていったらいいですか？」と聞いてみることもできます。

今の段階でも既に、チャットＧＰＴは「コミュニケーションが苦手な場合でも、仕事で成功するための方法」をいくつか教えてくれます。

もちろん、同じことを学校の先生やスクールカウンセラーに聞いてみてもいいし、YouTubeやネットで調べてみてもいいし、本を探して読んでもいいわけです。

とにかく今はいろいろなツールが増えているのだから、それぞれのやり方でさびしさを紛らわせたり、解決のヒントを探したりできるということです。

特にこれからは、社会環境が大きく変わっていきます。

社会の価値観もどんどん変化していくはずですし、技術も進化していろいろなツールや選択肢も増えていきますから、たとえ今がうまくいっていなくても、決して希望を捨てなくていいのです。解決方法もきっと見つかるはずです。

まずは自分のことを信じて、できることから行動してみましょう。

生きるということは、試行錯誤の連続です。

自分で「こうしたらうまくいくかな」と思ったことを試してみて、うまくいけばそれでいいし、うまくいかなければ、そこからどうしたらいいかを考えればいいのです。

自分が失敗したことだけを気にして引きずる人もいますが、失敗を「うまくいかなかった経験」と捉えて、次に失敗しないためにはどうしたらいいかを考える。そこから学べば、次の成功体験につながっていくはずです。

それに、これからはＡＩが人間の作業を肩代わりするようになりますから、人から言われた通りのことをこなしているだけでは成功できない時代になるでしょう。

ですから、若い人は特に、ただ他人が決めた価値観やルールに従うのではなく、また試す前から自分はダメだと思い込むのもやめて、まずは自分を信じて少しずつ行動を始めてみることが大事です。

そして試行錯誤を繰り返しながら、あなたなりのやり方を身につけていくことです。

生きることは楽しむこと。「さびしさ」さえ楽しめる日がきっとやってきます。

さいごに

この本に最後までお付き合いいただきありがとうございました。

読んでみて、少しでも気分が楽になったとか、前向きに生きられるかもと思ってもらえれば、著者としてとても嬉しく思います。

少なくとも、ひとりぼっちでいることや友だちがいなくなる恐怖から、無理に周囲に合わせている人が、そんなことはしなくていいということがわかっていただければ、それも嬉しいです。

私も、若者の味方・受験生のお兄さんのような立場で勉強法の本を長年書いてきたのですが、もう63歳になってしまいました。

長く生きることでわかることもあります。

一つは、さびしさというのは主観的なものだということです。

一人でいるとすごく開放感を覚えて、せいせいすることもあれば、さびしくて仕方がないということもあります。特に体調が悪いときとか、仕事がうまくいっていないときはそうです。

でも、ちょっと調子がよくなると嘘のようにさびしさが消えていくのです。

私の本業は高齢者を専門とする精神科医です。

一人暮らしの高齢者もたくさん見ていますが、それなりに楽しんで生きておられる方が大半です。

あまり縁起の悪い話はしたくないのですが、実は家族と同居する高齢者のほうが一人暮らしの高齢者より自殺が多いのです。鬱になる人も多い気がします。人の世話になっている、人に迷惑をかけている、人にずっと気を遣っている、というほうが一人でいるよりメンタルに悪いようです。

もちろん、さびしさを感じるのは、同じ人間でも時によって違ったり、日によって違ったり、シチュエーションによって違ったりするものですし、常に完全に孤独な状態というのは避けたほうがいいかもしれません。聞いてほしいことがあるのに誰にも聞いてもらえないというのもさびしいことです。

だから、友だちは一人か二人でいいと書いたわけですが、少なくとも、大勢いなくていいと思います。

もう一つは、今とこれから先は違うということです。

この本でも書きましたが、私には発達障害の気があって、なかなか友だちができなかったのですが、歳をとってからは、比較的人に好かれるようになりました。

性格が悪いのは直らないように言われますが、確かに不遇でいるとそれが直りにくいし、恵まれた生活をしているとよくなることはあります。

あるいは、精神科医としてコミュニケーションの勉強をしてきたこともよかったのかもしれません。

いずれにせよ、今、さびしくても大人になってから人に恵まれることもあるし、今、人気者でも、それが続くとは限らないのです。

だったら、長い人生の中で、あとになって幸せというほうがよさそうだと思いませんか？　少なくとも私はそう思っています。

本書を読んで、少しでも、焦らず、長い目で人生を見られるようになってほしい。

それが私の最後のメッセージです。

末筆になりますが、本書の編集の労をとっていただいた、小学館の下山明子さんと真田晴美さんに、この場を借りて深謝いたします。

和田秀樹

和田秀樹（わだ・ひでき）

1960年、大阪府生まれ。東京大学医学部卒業。精神科医。
東京大学医学部附属精神神経科助手、米国カール・メニンガー精神医学校国際フェローを経て、現在、立命館大学生命科学部特任教授。高齢者専門の精神科医として、30年以上にわたって高齢者医療の現場に携わっている。ベストセラー『感情的にならない本』（PHP文庫）、『80歳の壁』（幻冬舎）など著書多数。

帯イラスト　藍にいな
デザイン　TYPEFACE
構成協力　真田晴美
販　売　竹中敏雄
宣　伝　鈴木里彩
編　集　下山明子

小学館 YouthBooks

「さびしさ」の正体

2023年10月３日　初版第一刷発行

著　者　和田秀樹
発行人　下山明子
発行所　株式会社 小学館
〒101-8001　東京都千代田区一ッ橋 2-3-1
電話　03-3230-4265（編集）
03-5281-3555（販売）

印刷・製本　大日本印刷株式会社

ISBN978-4-09-227292-7